準備いらずのクイック漢字遊び

遊んでおぼえる
漢字クイズ&ゲーム

山口 理
【編著】

いかだ社

はじめに

ふくらむ漢字　広がる漢字

テーブルの上にコップがある。その中には水がゆらゆらゆれている。
（この水って、どこから来たんだろう……）
広い「海」かな。それとも高い「空」かな。
コップの中の水をじっと見つめる。
もしかすると海の水が「蒸発」して、空へのぼり、それが「雨」になって
「川」にふり注いだのかもしれない。
「山」にしみこんだのかもしれない。
それが「水道」の水になって長い長い「管」を通り、ぼくんちのじゃ口から
出てきたのかも……。

そしてその水は今、ぼくの「目」の前にある。

コップの中の「水」という漢字が、こんなふうにどんどんふくらみ、どんどん広がっていく。

漢字っておもしろい。そしてちょっぴり不思議。

ほら今も、この本の中でぴょんぴょん遊び回っているよ。

ページをめくってごらん。……ほらね。

山口　理

目次　準備いらずのクイック漢字遊び

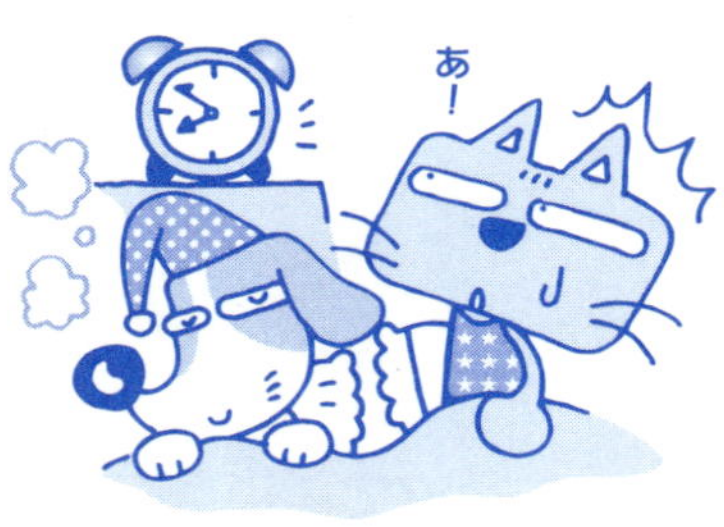

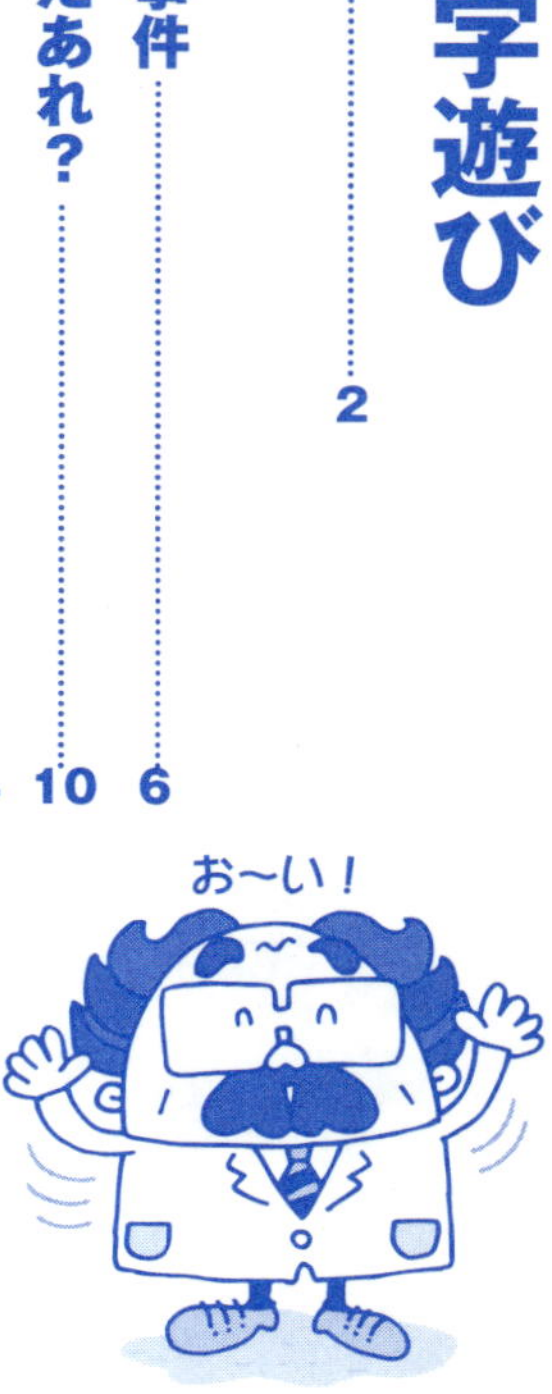

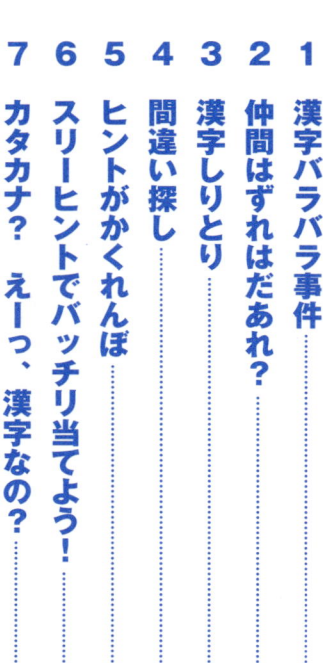

あ〜ん
あ〜ん

漢字バラバラ事件

ある漢字がバラバラになっているよ。
元の漢字は何かな？

（例）

＝ 客

※向きもバラバラだから、本を動かして探してみよう。

①

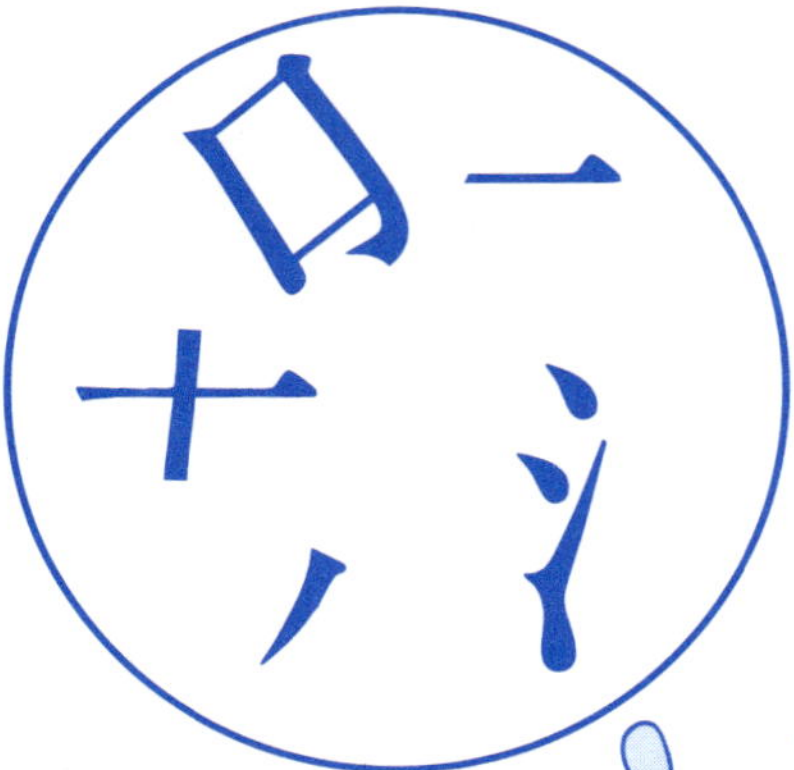

＝ □

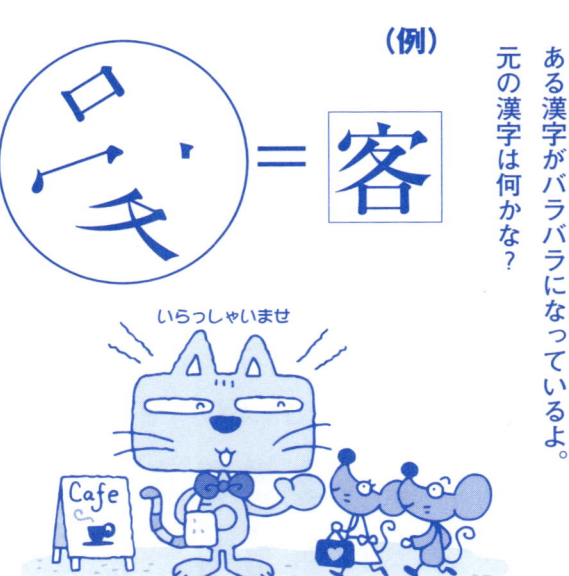

2

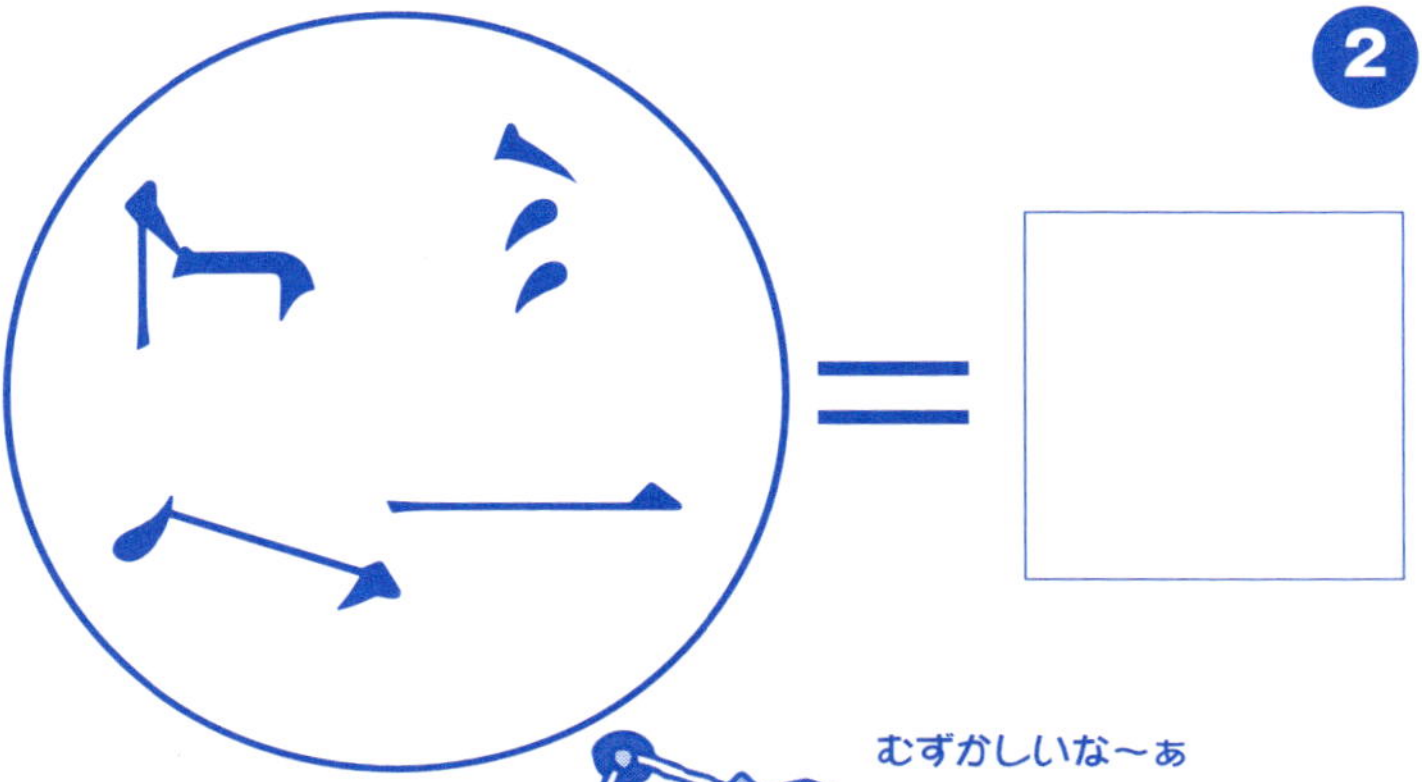

3

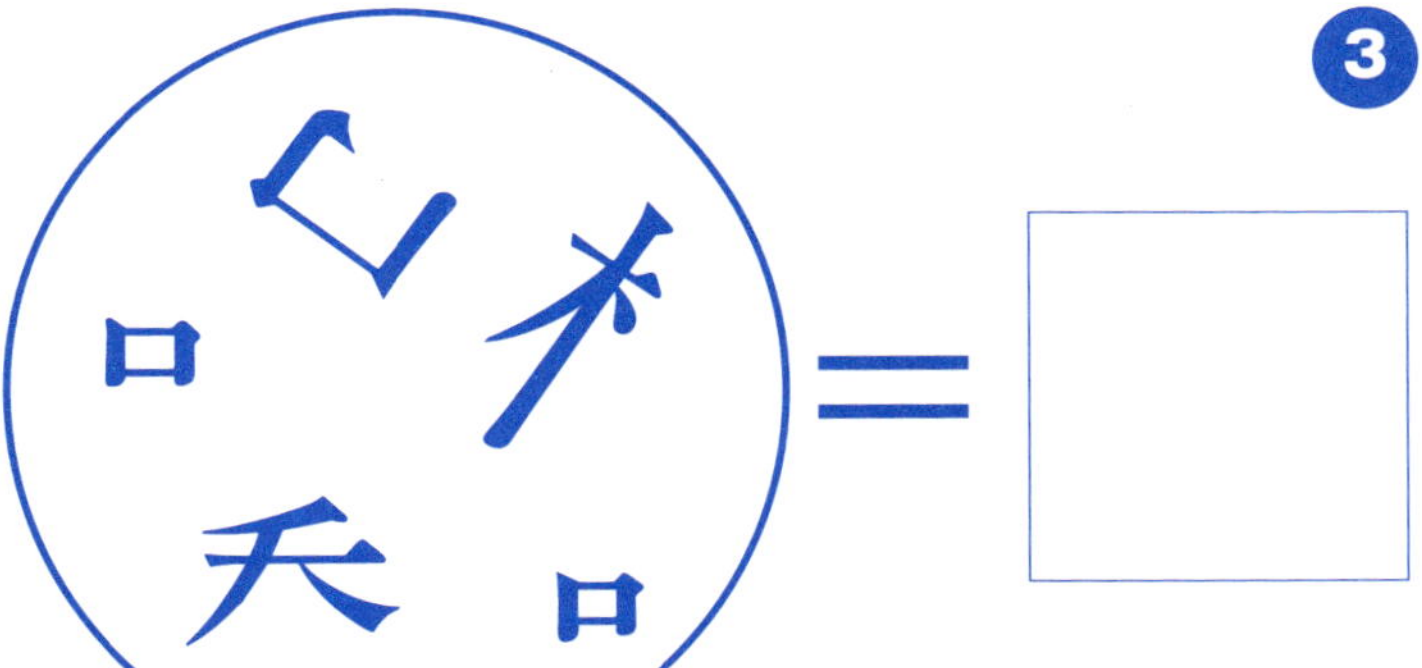

4

＝

5

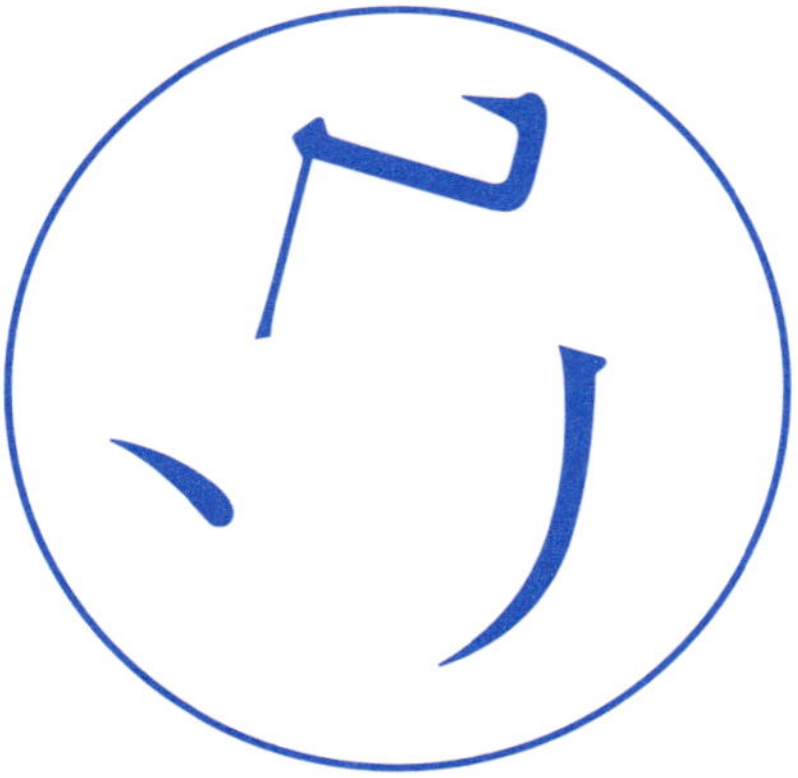

＝

6

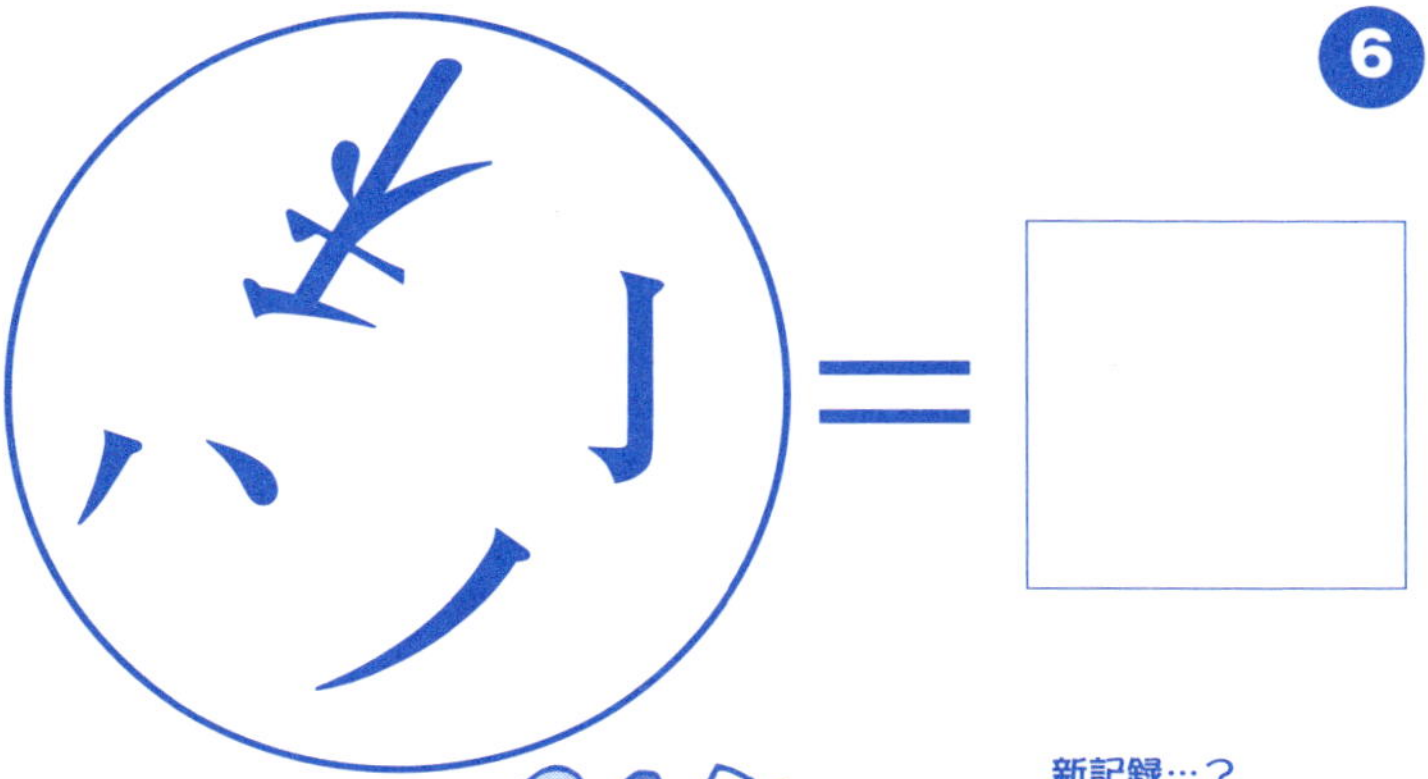

新記録…？
カチャ…

★こんな場面でこんなふうに使おう★

【教室で】
・チョークで板書して考えさせます。（小黒板を活用し、向きを変えながら行うのも楽しい）
・マグネットシートを文字パーツの形にカットして、それを動かしながら考えさせます。
【子ども会などの集まりや家で】
・問題を書いた紙を自由に切り抜けるようにしておき、小グループごとに考えさせます。

キミは何問出来たかな～？さぁ～、次いってみよ～
GO!

2 仲間はずれはだあれ?

同じグループの中から仲間はずれの漢字を探そう。
仲間はずれになった理由も考えてみよう。

（例）

**山・川・草・机・石＝ 机 **

【理由】
（机の他は、すべて自然界にあるものだから）

① 白・赤・黒・青・緑・金＝□

【理由】
（　　　　）

❷ 犬・猫・猿・鯨・鰐・象・海豚＝□

【理由】（　　　）

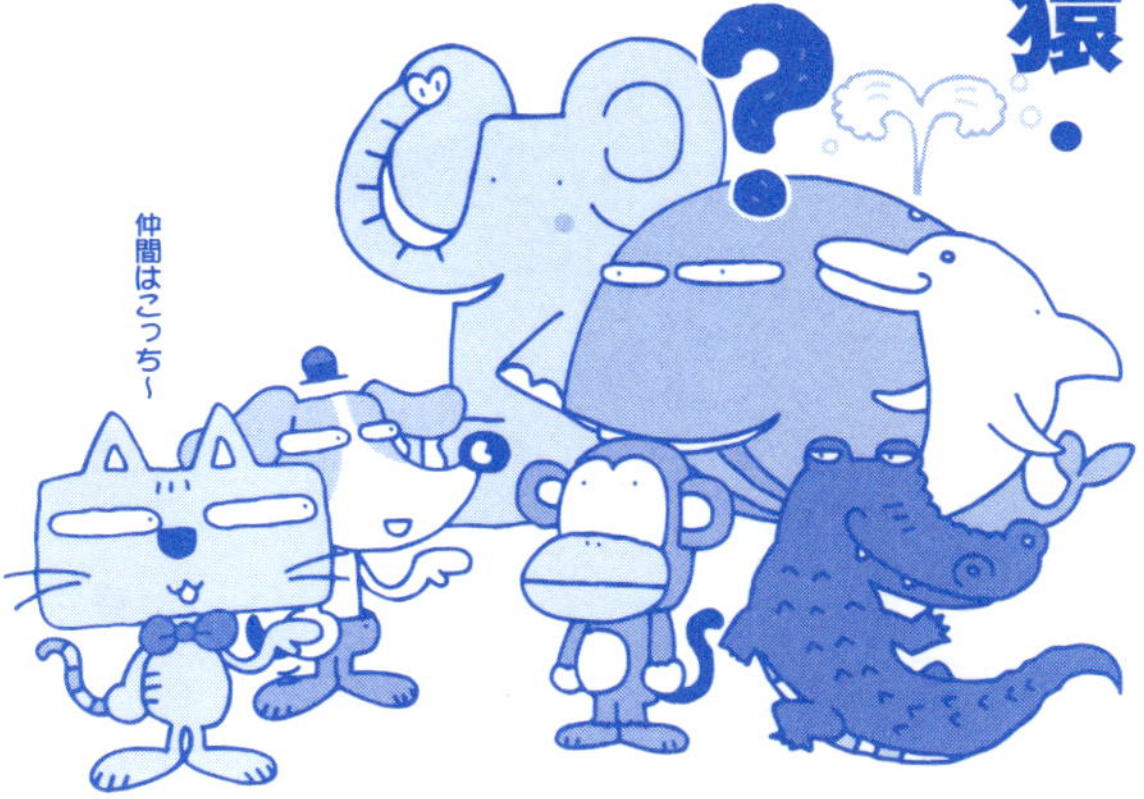

❸ 雪・氷・雷・水・霜＝□

【理由】（　　　）

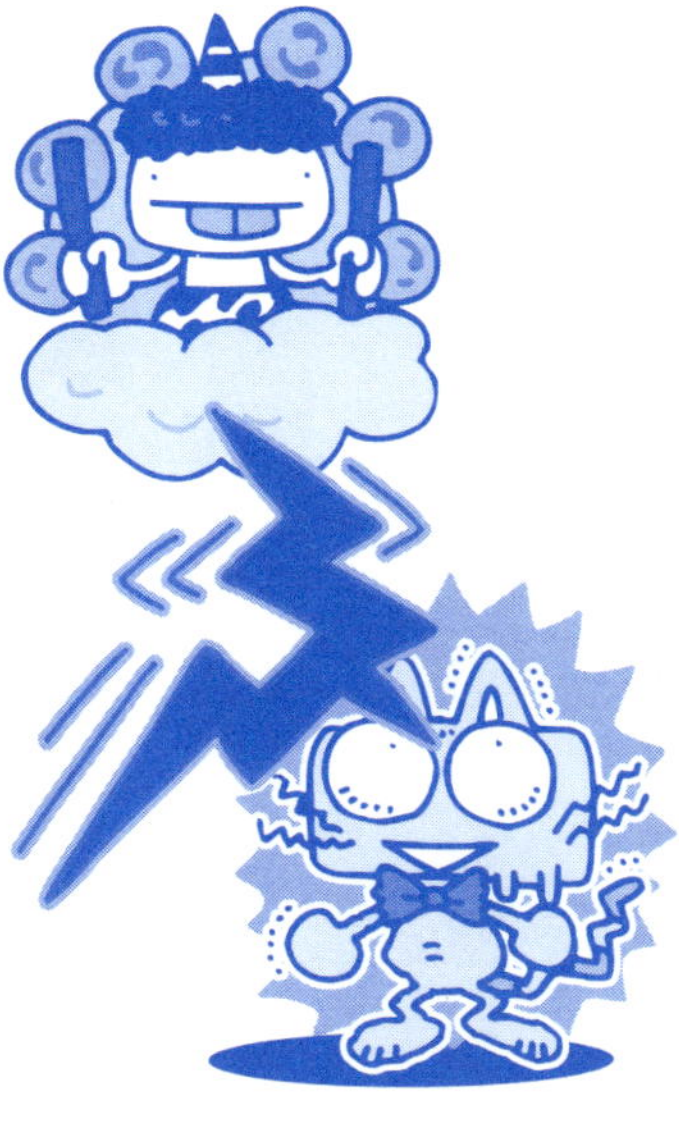

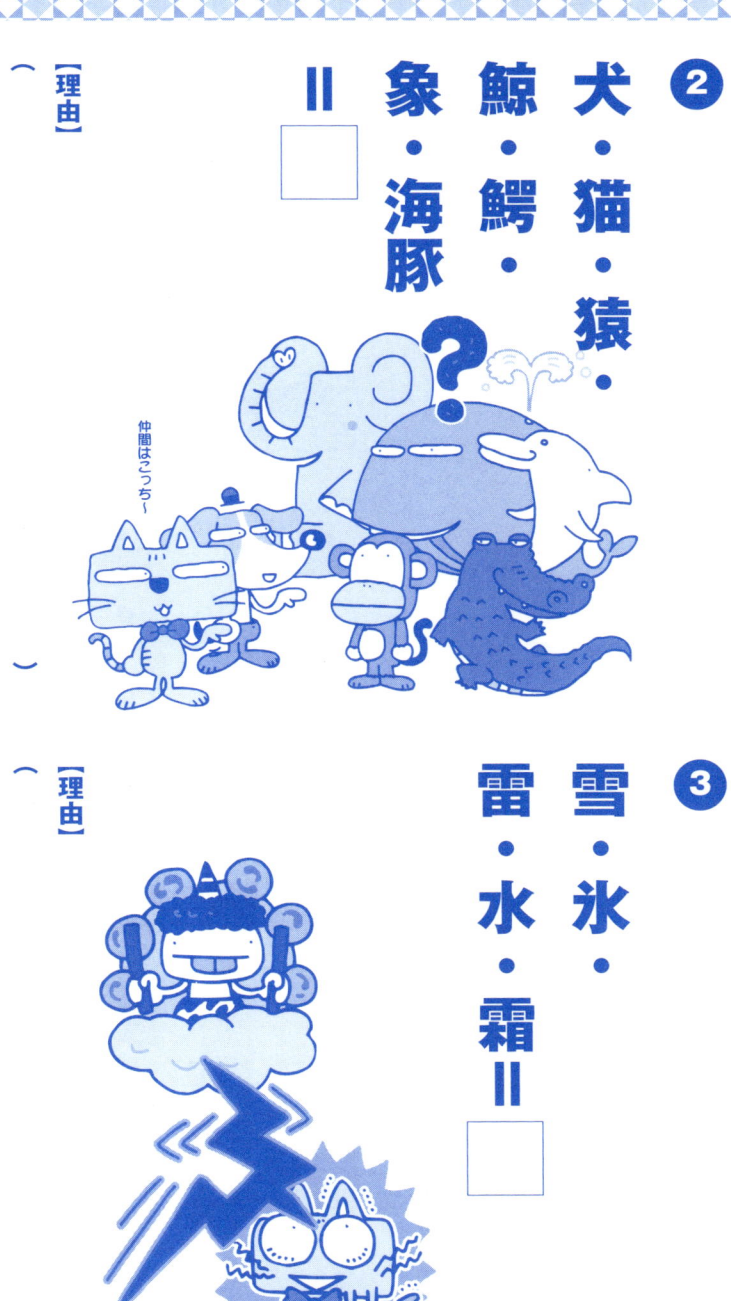

④ 骨・毛・眉・拳・胸・尾・爪＝□

【理由】（　　　　）

⑤ 貝・岩・鉄・歯・泥・石・刀＝□

【理由】（　　　　）

❻ 飛・転・吹・走・踊・歩＝□

【理由】

（　　　　）

いいなぁ…

こんなふうに遊べるよ

・まず答えを言ってもらい、その理由は他の子が考えて、「同じ理由、違う理由」と発表させるのもおもしろいですね。

むずかしかった？
がんばってね〜

3 漢字しりとり

しりとりになるように、□の中に漢字を入れよう。
□に入るのが一文字とは限らないよ。

（例）
山→[間口]→
地下→火事
→事件

❶

□→森→□→国→
□→倉

❷

屋台 → □ → 薬 →

□ → 理想 →

□ → 習字

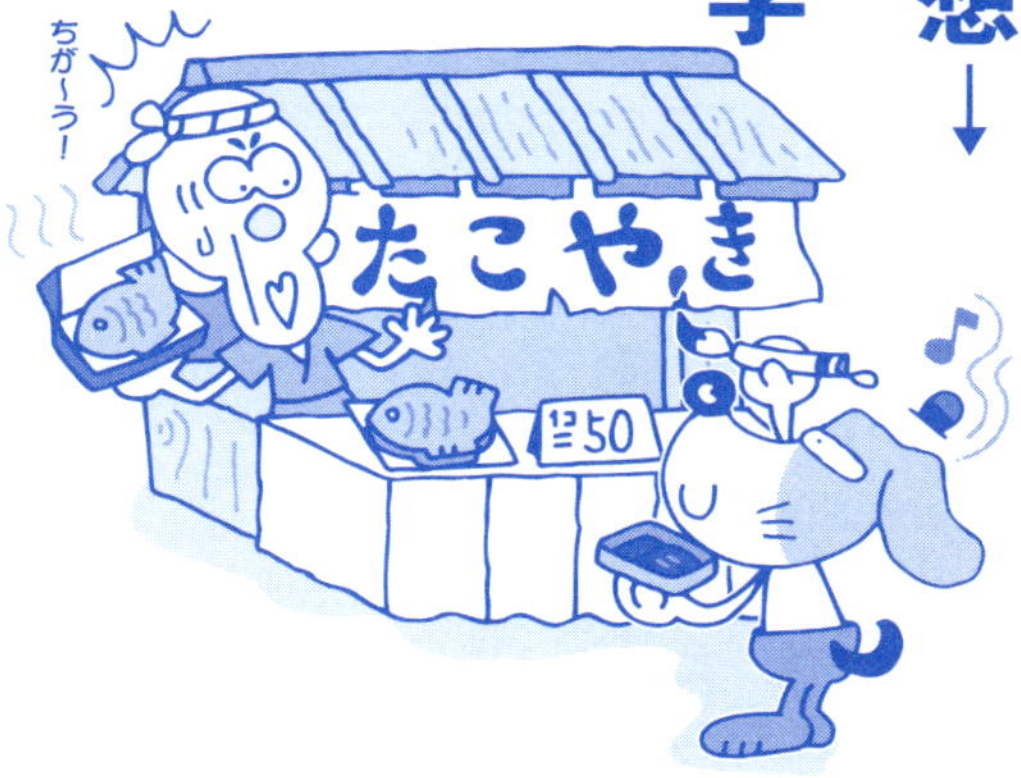

❸

音 → □ →

□ → 育

→ □ → 馬

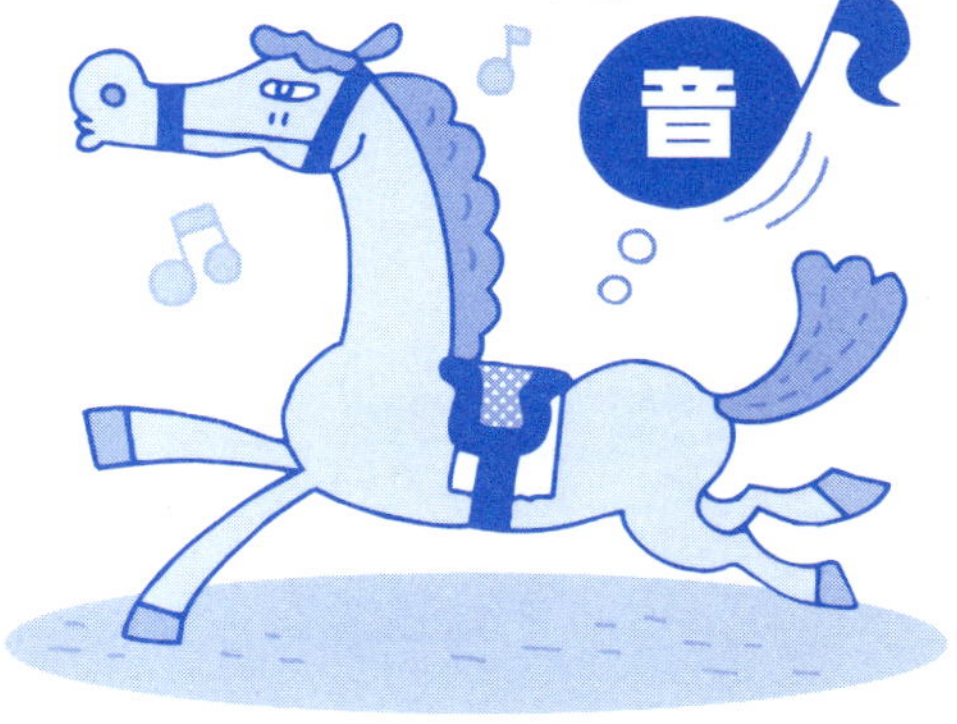

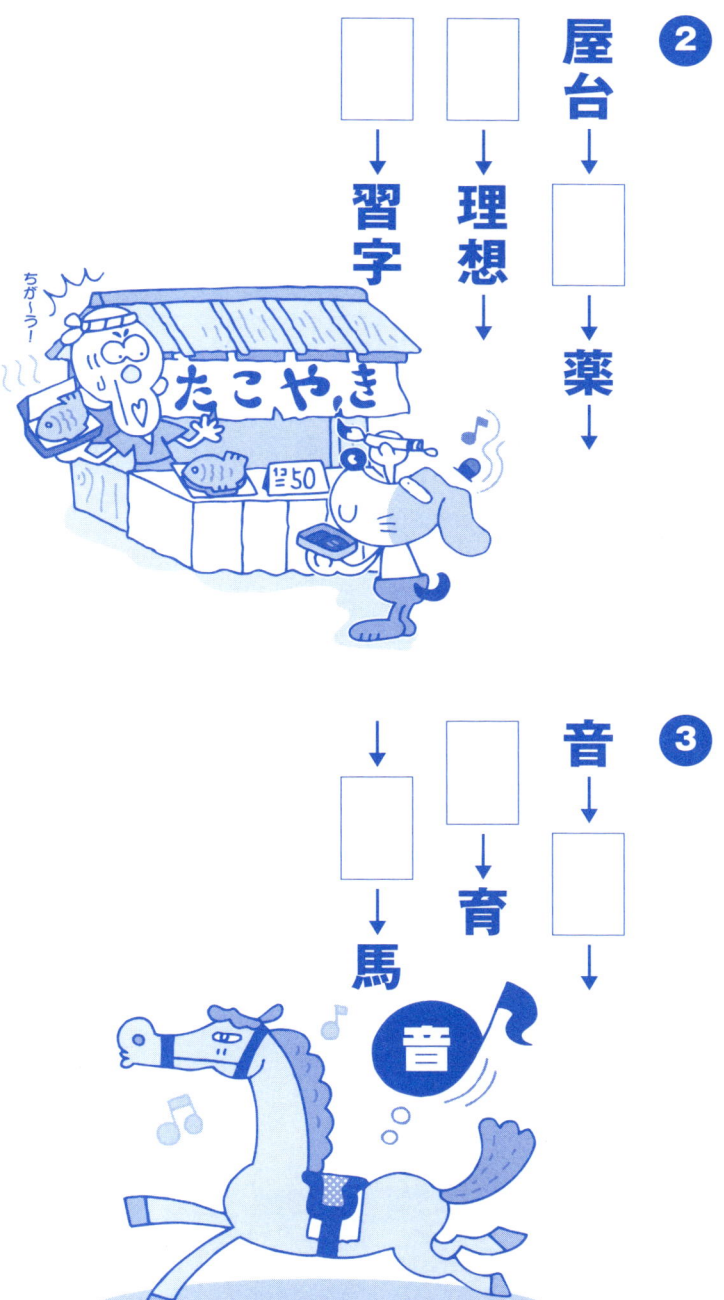

4

□
↓
和室

↓
□
↓

汽車
↓

□
↓
豆

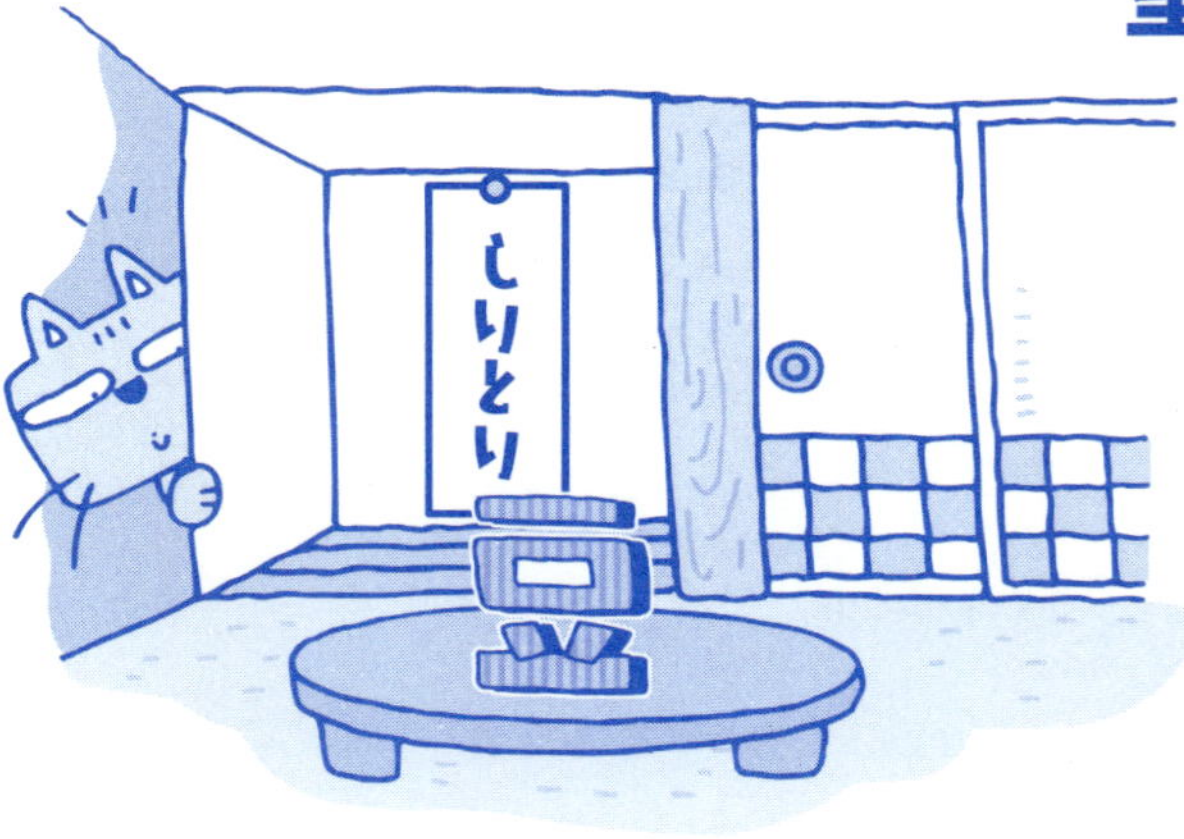

5

愛
↓
□
↓

□
↓
来客

↓
□
↓
海

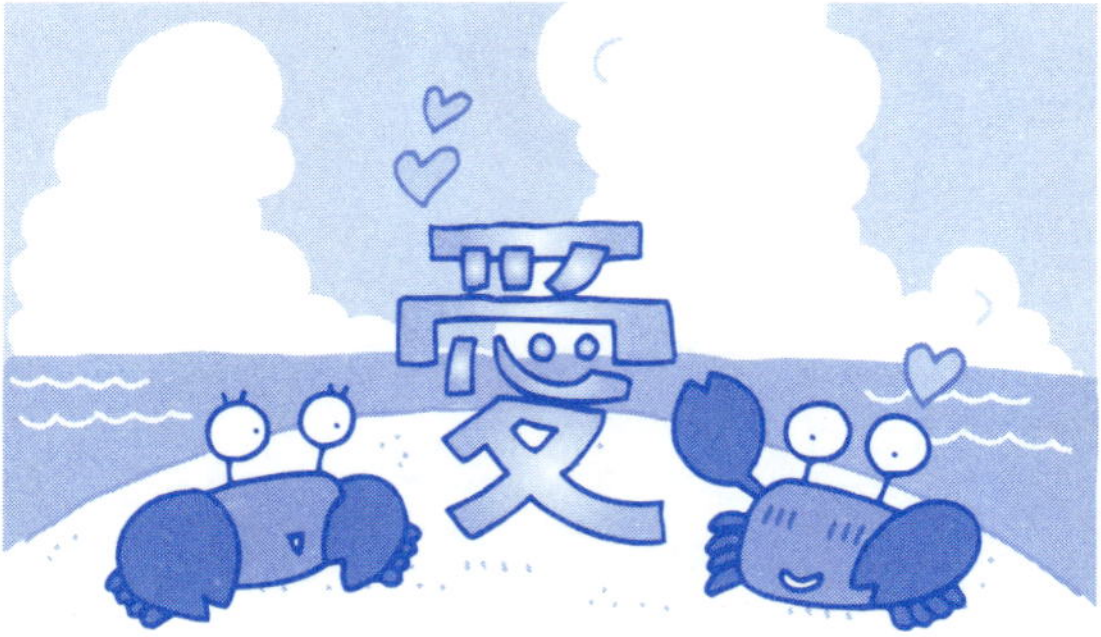

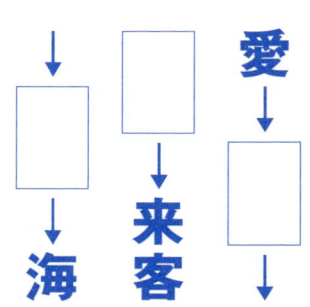

6

□
↓
波
↓
□
↓
□
↓
未来
↓
□
↓
季節

こんなふうに遊べるよ

・□をカードにして、小グループで書かせ、「いち・に・さん」で同時に見せ合います。解答は一つとは限りませんが、グループ全員が同じだったら1ポイント。または、逆に、複数の答えが出て、それでもしりとりがつながっていく場合に1ポイント、としてもよいでしょう。

4 間違い探し

あれっ？　この漢字、何かへんだなぁ。
どこがおかしいのか考えてみよう。

❶ 海水

❷ 楽しい

❸ 都

❹ 茶

❺ 馬

❻ 東

7 新聞

8 落第

9 春夏秋冬

10 写真

11 時間

12 見物

13 野球

14 春風

⑮ 午肉

⑯ 工丈

⑰ 消火

⑱ 事典

⑲ 登山

⑳ 仿主

㉑ 小麦紛

★遊び方のワンポイント★

・発展として、自分たちで「間違い漢字」をつくる場合、「大きなミス」ではなく、「ほんの小さなミス」にとどめておくことが大切です。

・少人数に適した遊びですが、プリントにすれば大勢でも楽しく遊ぶことができます。

☆正しい漢字が書かれているよ。
どうしてもわからなかったら、ここを見よう。

★漢字ボックス★

海水　坊主　野球　牛肉　登山
楽しい　都　茶　工夫　事典
時間　新聞　馬　見物　春風
写真　小麦粉　東　落第
春夏秋冬　消火

まちがいさがし、できたかな?

ぼくのまちがい…わかる?
ちなみに3つ

5 ヒントがかくれんぼ

なんと読むのかな？ ちょっと難しい漢字だけれど、かくれている絵がヒントになっているよ。

1

2

3

4

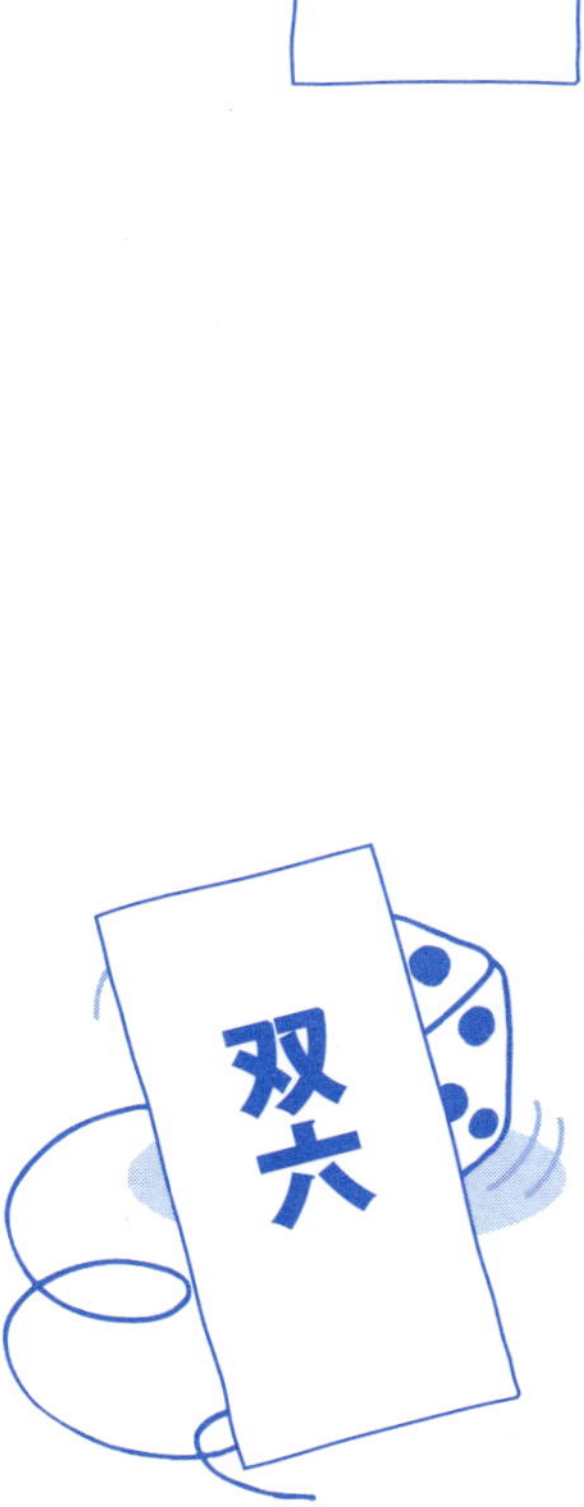

5

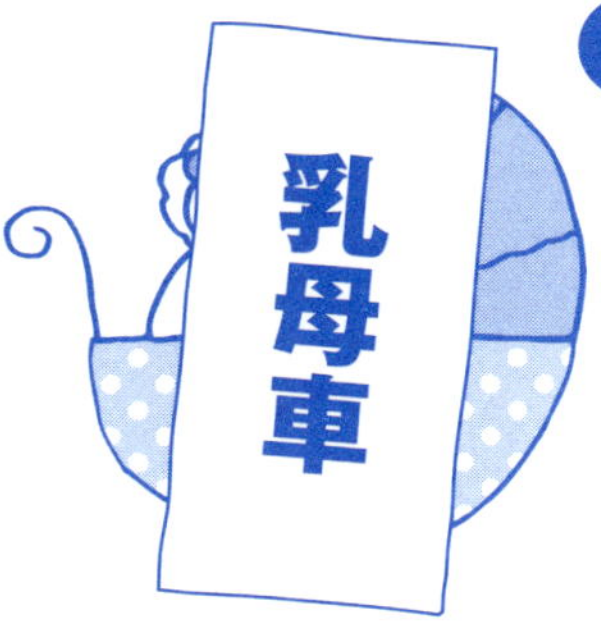

6

7

8

9

10

11

12

13

14

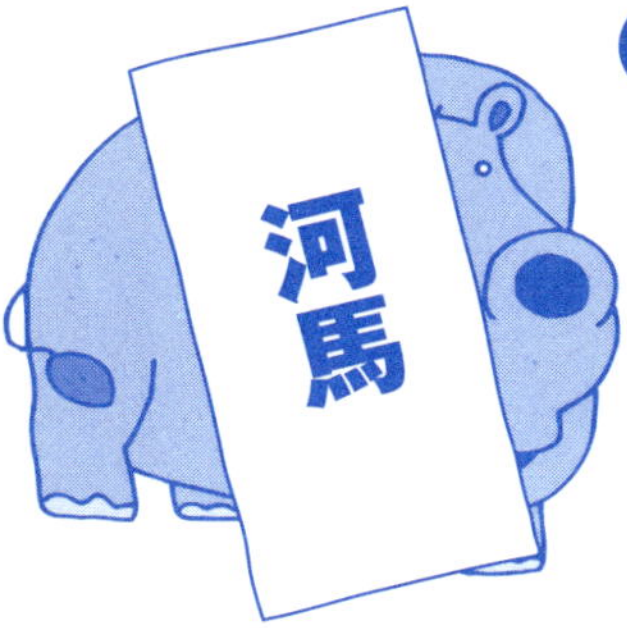

こんなふうに遊べるよ

・最初に絵の全体を描いておき、漢字はカードにします。なかなか読めないときには、カードを少しずつずらしていき、絵がだんだん現れてくるようにします。

15

6 スリーヒントでバッチリ当てよう！

３つの言葉にあてはまる漢字を□の中に書き入れよう。

29ページの「ヒントボックス」からヒントになる絵を探すとわかりやすいよ。

（例）

熱い

家

逃げる＝火事

①

広い

青い

塩

＝□

②

夏

緑

赤

＝□□

③
紙
朝夕
インク＝□□

④
機械
煙突
サイレン＝□□

⑤
鍵
電話
泥棒＝□□

⑥
山
上
下＝□

7

網
魚
船＝□□

8

四角
紙
チーズ＝□□

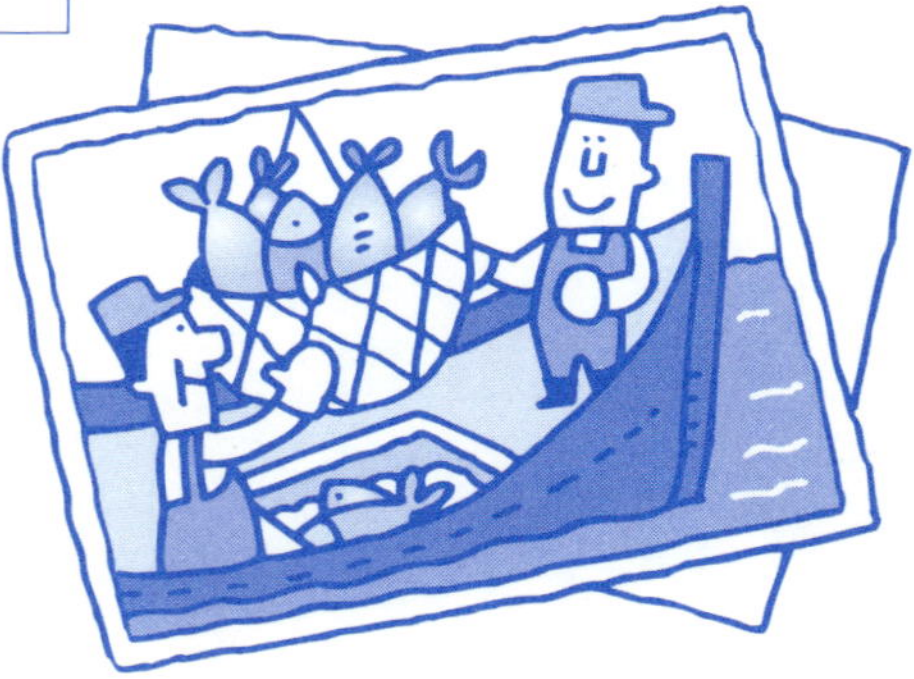

9

薬
ベッド
体温計＝□□

10

海
亀
ひげ＝□□太□

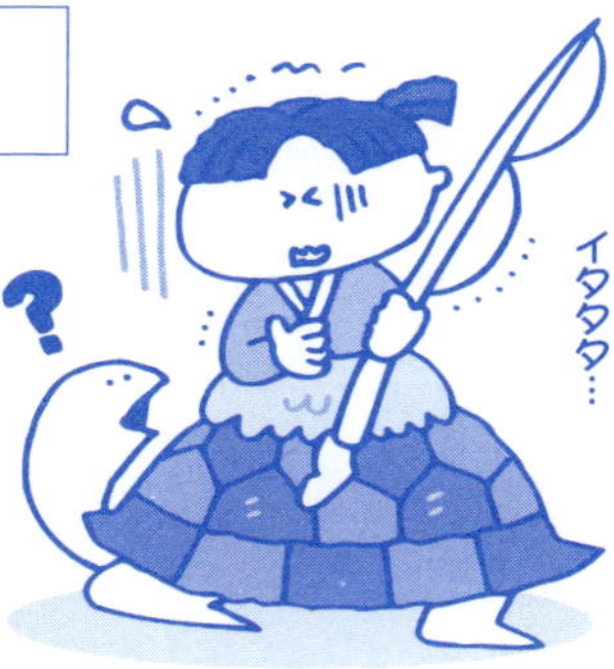

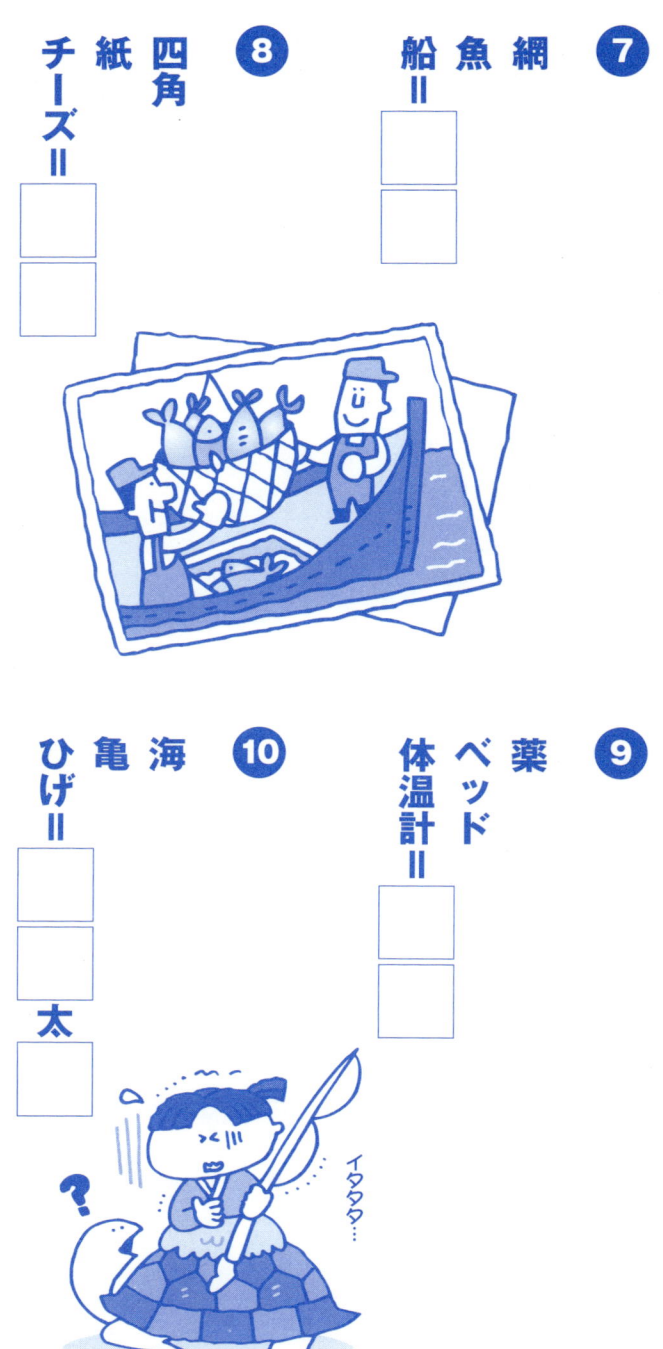

★ヒントボックス★

こんなふうに遊べるよ

・よりハイレベルにするには、スリーヒントを言葉だけで言って考えます。次の段階で字数のわかる□□を用紙に書いて見せます。最後に「絵のヒントボックス」を見せる、というようにステップアップしていっても楽しめます。

7 カタカナ？　えーっ、漢字なの？

太字のカタカナに何かを付け足すと、ある漢字になるよ。

絵とことばのヒントを参考にして、どんな字になるか考えてね。

（例）

仮面ライダー

❶

ツ

「おいしそ～」

「早く春にならないかなぁ」

❷

ム

当

❸ 氵

「夏になったらいきたいな〜」

❹ 夕

「ほらほら、もう朝ですよ」

❺ ム様

「お線香をあげましょう」

❻ 匕べる

「どっちの背が高いかな?」

7

ノ

合

お〜い！

「みんな、こっちへ来て〜」

午後から雨だな…

「バッチリ当たるといいね」

8

マ

想

9

平

口

「こんな世の中になりますように」

これも？

「卒業○とか結婚○とか、いろいろあるよ」

10

エ

遊びのひろば 1

●数字を入れよう！

（　）の中に漢数字を入れて、言葉を完成させよう。

1 （　）点満点

2 （　）期（　）会

3 （　）福神

4 （　）転び（　）起き

5 青（　）才

6 石の上にも（　）年

7 お（　）度参り

8 鶴は（　）年　亀は（　）年

9 （　）里の道も一歩から

10 （　）（　）（　）のお祝い

★漢字ボックス★

百	千
一	万
七	五
八	三
二	

8 てんでわからない!?

絵と前後の言葉をヒントにして、太字のような「点」がつく漢字を当てはめて、言葉を完成させよう。

（例）

［、］体旅行＝［団］

1

［、］員室＝［　］

2

お［ヽノ］持ち＝［　］

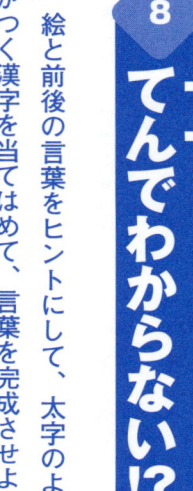

3

一[丶]法師

＝[　]

4

やさしい[ハ]

＝[　]

5

お[丶丶]が言いたい

＝[　]

6

[ソ]は体に
いいんだよ

＝[　]

7

あの人、みりょく［丶］だなぁ＝□

8

やっぱり

自［灬］は

はいいなぁ＝□

9

［い］は生で食べても、

焼いてもおいしいよ＝□

10

［ンく］力はやめなさい！＝□

★遊び方のワンポイント★

・難しいようなら、□の中の漢字をまずひらがなの字数分だけ空白にします。（［灬］＝○○）前後の文字から○○の中を当てさせ、その後で漢字を当てはめていくとわかりやすくなります。

遊びのひろば 2

●にんべんストーリー

漢字ボックスの中にある「にんべん（亻）」を使って、物語をつくってみましょう。

さて、いくつ漢字を使えるかな？

そして、どんなストーリーができるかな？

たとえばこんなお話

ある所に、一人のお侍さんが住んでいました。たった一人で作物をたがやし、他にこの土地で住んでいる人はいませんでした。お侍さんの仕事といえば、これだけです。一人ぼっちなので、体の調子が悪くなっても、代わりに働いてくれる人はいません。そんなお侍さんの所へある日、村人たちがやってきました。

「少し前から村の娘をさらっていく化け物がいる。それを退治して……

★漢字ボックス★

作 停 侍 化 係 仕 他 住

代 倍 体 働

9 漢字迷路を突破しよう！

「学」からスタートして、ゴールの「問」まで、熟語をつくりながら進んで行こう。

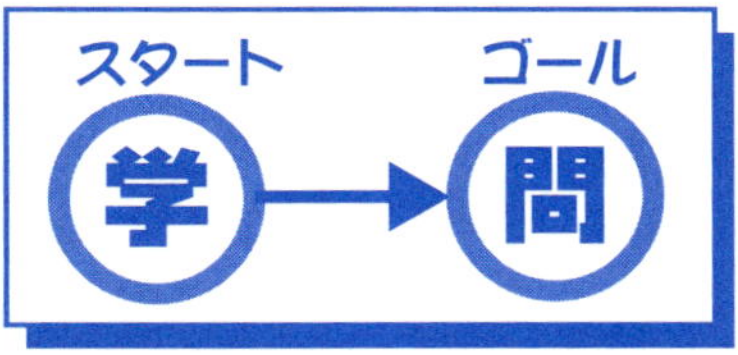

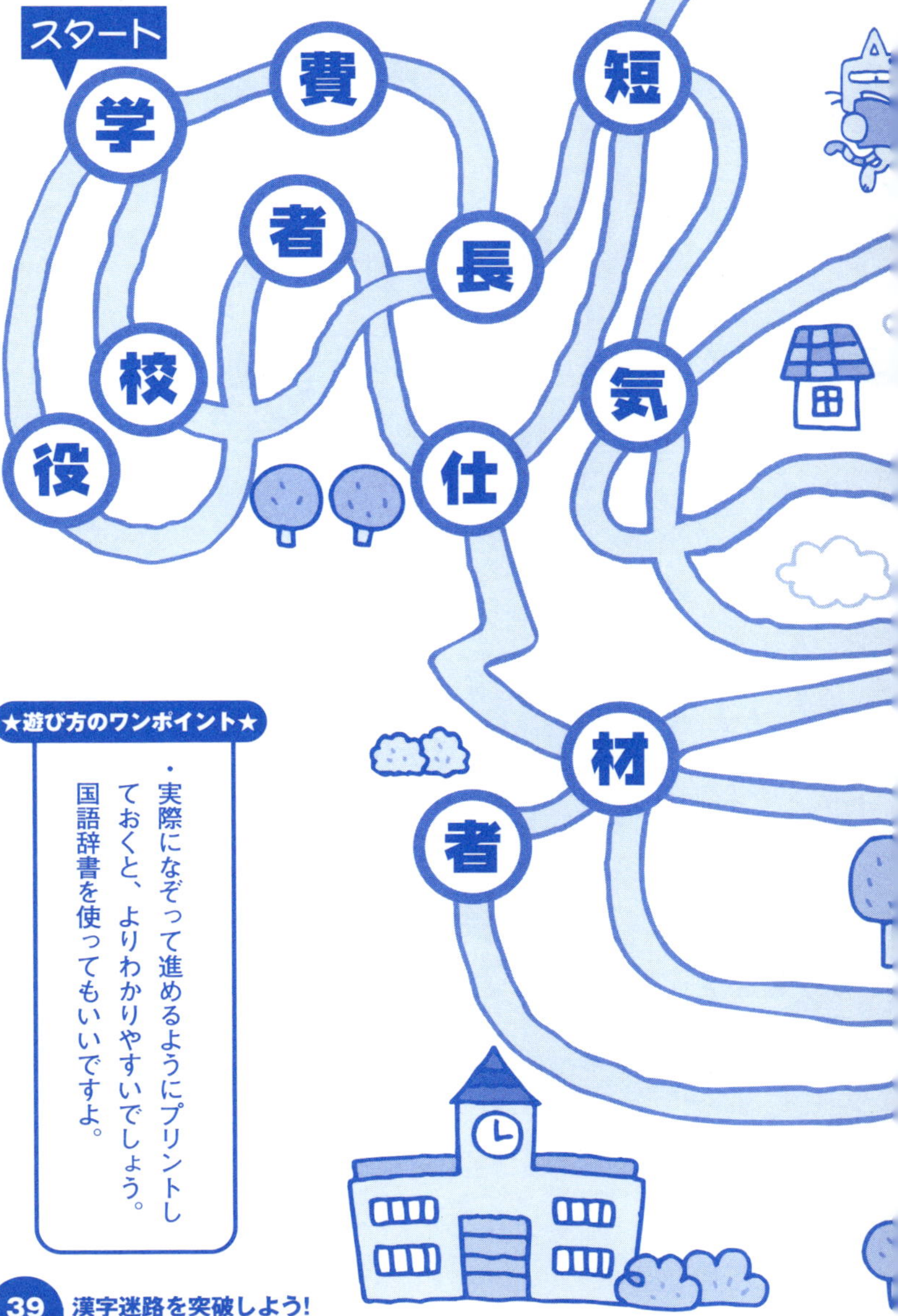

★遊び方のワンポイント★

・実際になぞって進めるようにプリントしておくと、よりわかりやすいでしょう。国語辞書を使ってもいいですよ。

もう、やり方はわかったね。
今度は、「上」からスタートして「演」まで進もう。

スタート　ゴール
上 → 演

10 組みかえてみよう！

バラバラになっている漢字の部分を入れかえて、正しい漢字にしよう。

（例）

千口

↓

舌

❶

干厂山

↓

□

❷

子⺍冖

↓

□

❸ 亦糸 → □

❹ 蚓 → □

❺ 各 → □

❻ 日比寸 → □

43　組みかえてみよう！

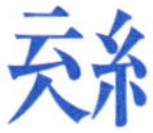

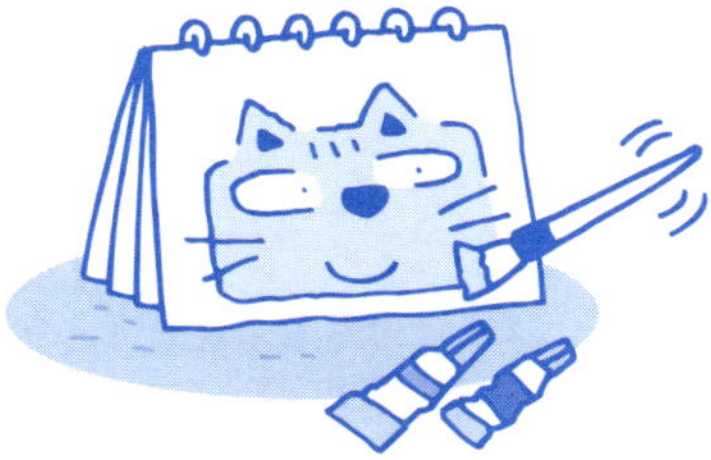

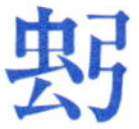

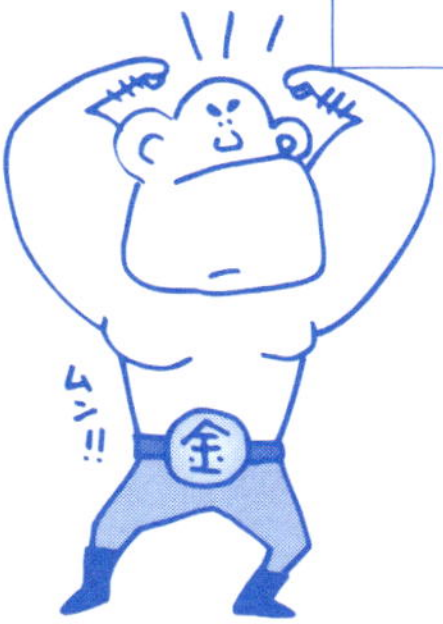

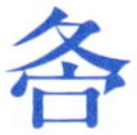

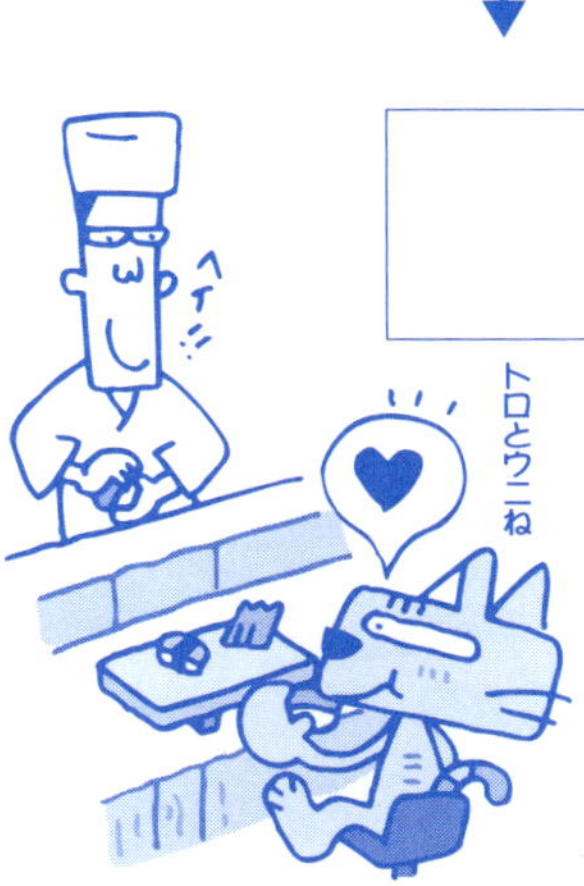

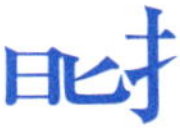

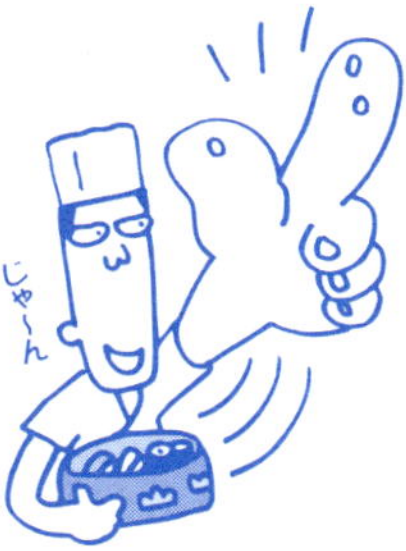

7

8

（ここから二文字）

9

10

こんなふうに遊べるよ

・実際に書いてみないと、なかなかわかりにくい遊びですが、手元に紙（ノート）などを用意しておき、書きながら考えていくとわかりやすくなります。

11 ありゃりゃ、重なっちゃった!!

【その1】

「仲良しの漢字」が重なって、一文字になってしまったよ。離して、どんな漢字が重なっているか書きだそう。

（例）

海
↓
海
＋
川

❶

桜
↓
□
＋
□

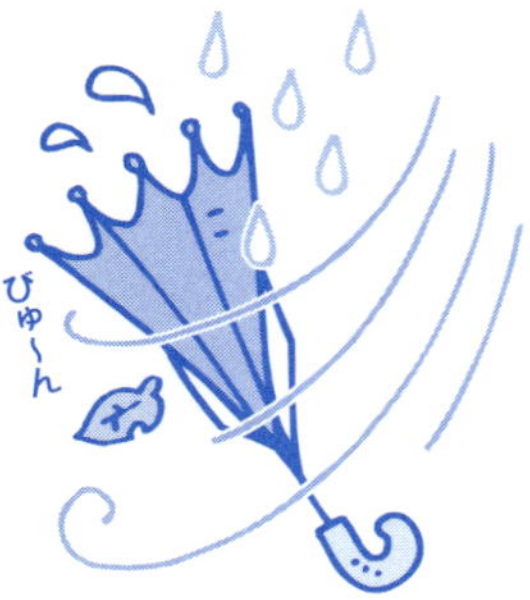

❷

風
↓
□
＋
□

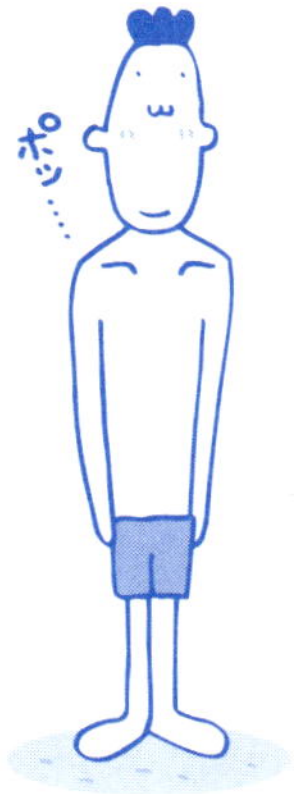
ポッ……

3

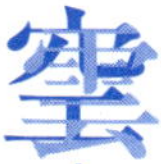

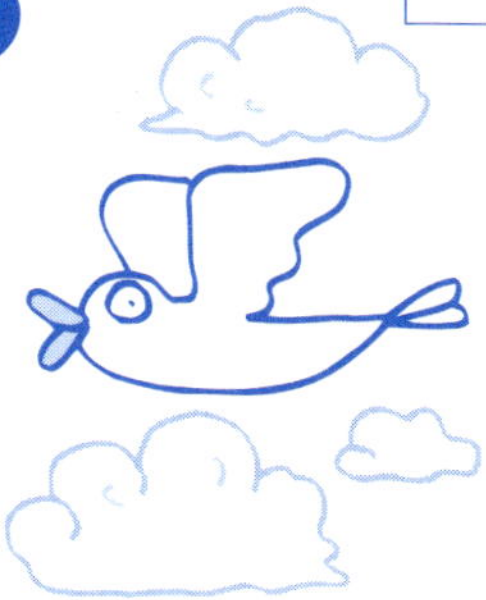

4

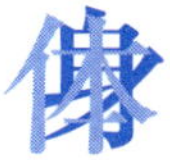

5

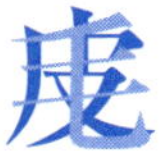

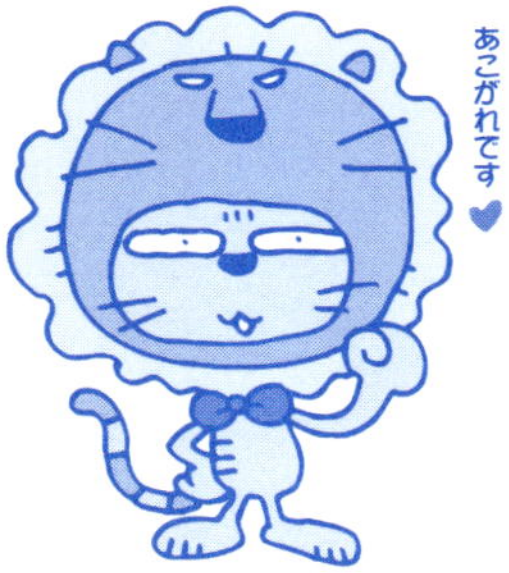
あこがれです♥

6

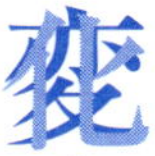

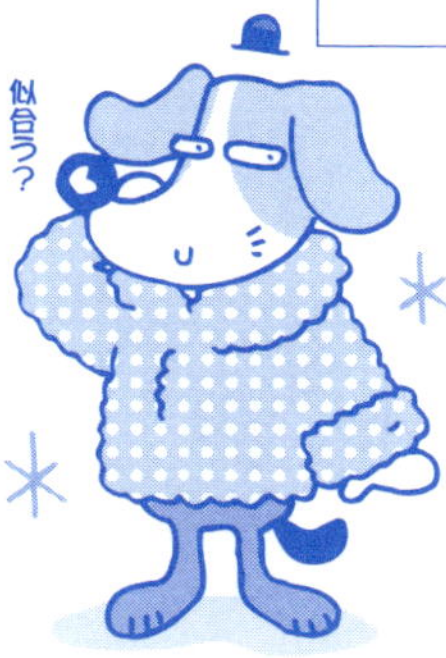
似合う？

7

↓

□ + □

8

↓

□ + □

9

↓

□ + □

10

森

↓

□ + □

こんなふうに遊べるよ

・一つの漢字を紙に書き、重なる漢字をTPシートなど、透明なシートに書きます。まず、それをぴったり重ねて置いて考えさせ、わからないときや、確かめるときにシートを少しずらしていくと、だんだんとわかってきます。

【その2】

今度は、「反対の意味」の漢字が重なっているよ。前の問題と同じように、文字を離して重なっている文字を書きだそう。

（例）

↓

上 ＋ 下

①

↓

□ ＋ □

②

↓

□ ＋ □

3

↓

□ + □

4

↓

□ + □

5

↓

□ + □

6

↓

□ + □

7

↓

□ ＋ □

8

↓

□ ＋ □

9

↓

□ ＋ □

10

↓

□ ＋ □

★遊び方のワンポイント★

・よくわからないときは「反対の意味の漢字」である、ということに再度注目させると、わかりやすくなります。

遊びのひろば 3

● 氵（さんずい）探しの物語

次のひらがなだらけのお話から「氵（さんずい）」のつく漢字に直せるところを「漢字ボックス」の中からみつけよう。

たとえばこんなお話

ひとりのたんけんかが、ふかいもりのなかへやってきました。

「やっとみつけたぞ。これがまぼろしのみずうみか」

そのみずうみはとてもおおきく、まるでたいへいようのようなうみにおもえました。

たんけんかは、ちゅういぶかくみずうみのなかにはいり、ゆっくりとおよぎはじめました。

「むかし、たんけんたいがとつぜんきえてしまったというみずうみは、ここにちがいない」

たんけんかは、ぽつりとつぶやきました。

★漢字ボックス★

深　消　海　湖
泳　港　沢　注
湯　洋

12 漢字がかくれんぼ

【その1】
ボールの下にある漢字がかくれているよ。何という漢字かみつけよう。

1

＝

2

＝

3

＝

4

＝

5

＝

6

＝

7

＝

8

＝

9

＝

10

＝

こんなふうに遊べるよ

・ベース型の用紙の上に漢字を書き、ボール型に切った紙でかくすようにします。問題11の遊びとおなじように、ボールを少しずつずらしていくと、だんだん答えがわかってきます。

【その2】

今度《こんど》は、電柱《でんちゅう》のかげにかくれている熟語《じゅくご》をみつけよう。

❶

❷

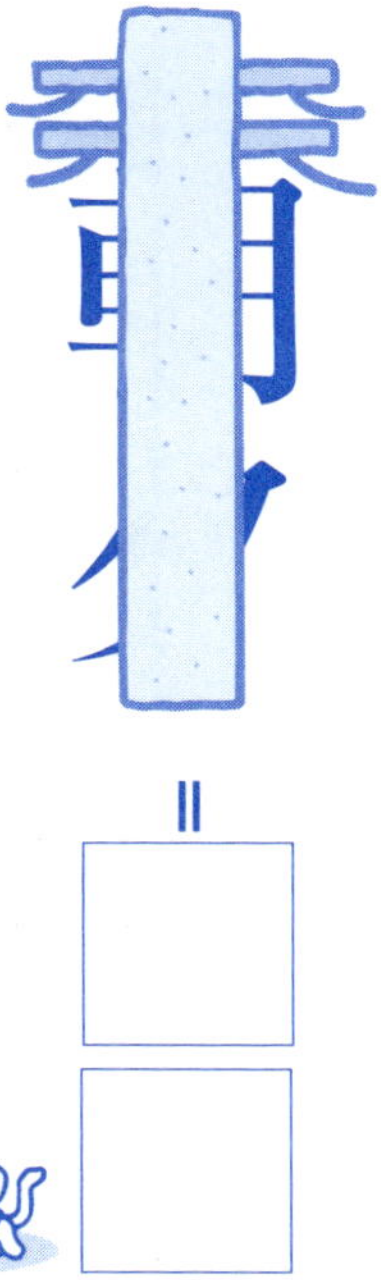

❸

4

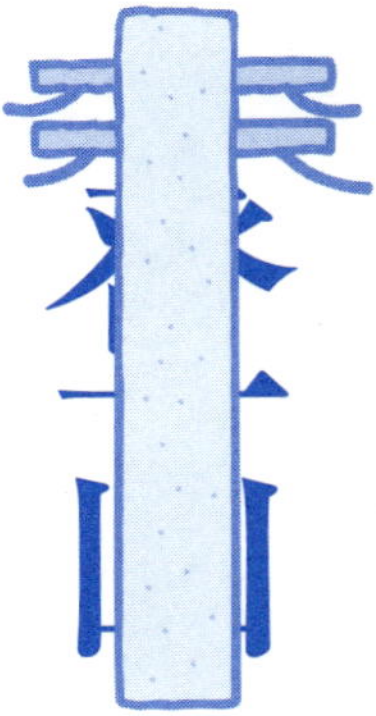

=

5

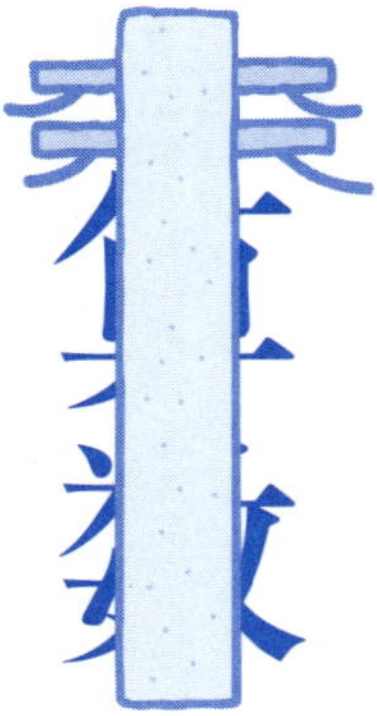

=

6

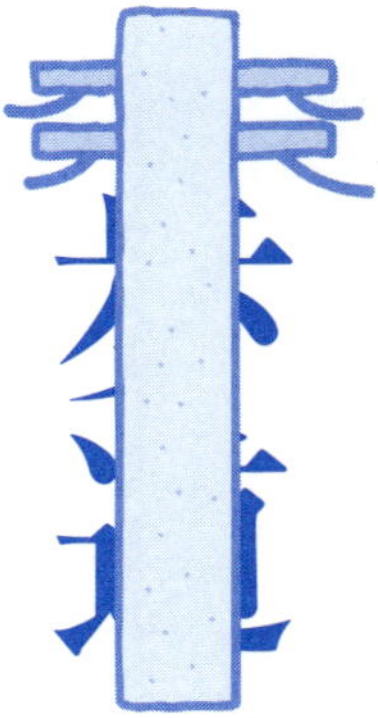

=

7

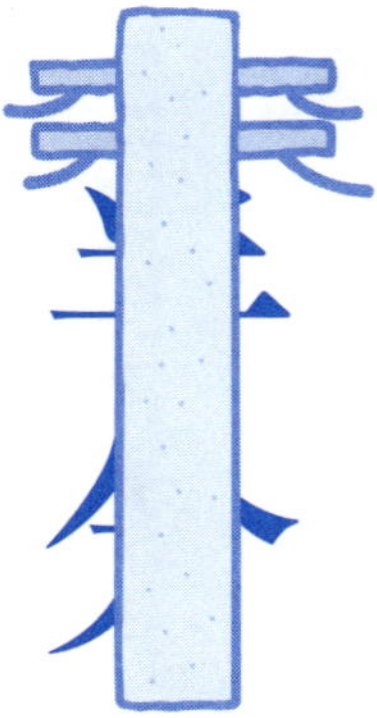

=

8

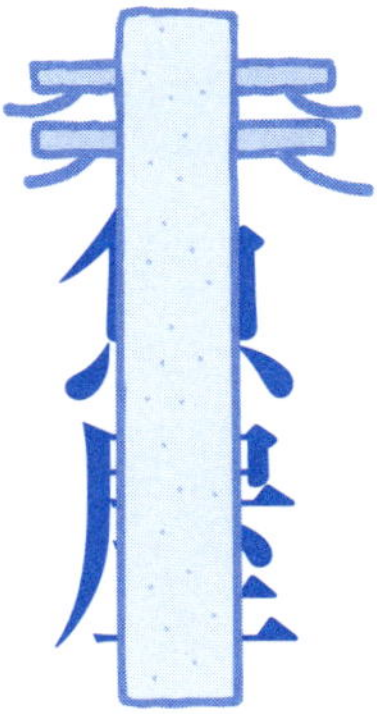

＝

9

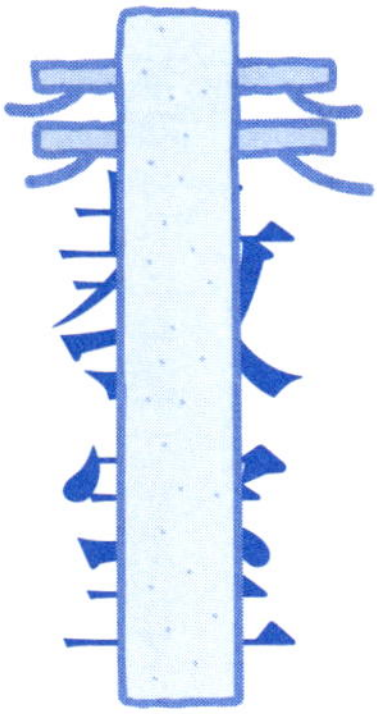

＝

10

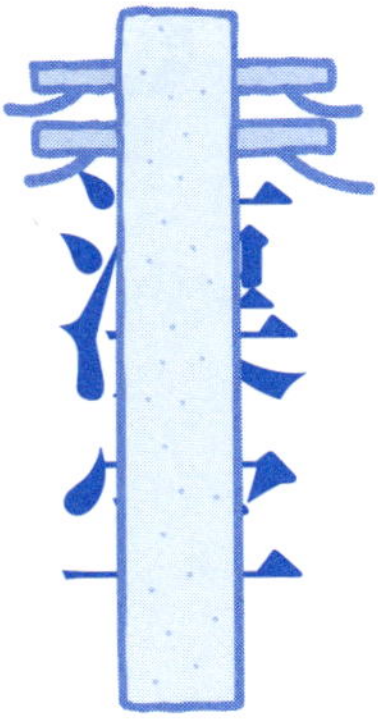

＝

13 横線が消えた!?

漢字から「横線」が消えてしまったよ。消えた横線を書き入れて元の漢字にもどしてあげよう。
※横線は、何本入れてもいいよ。

（例）

＝
考

❶

＝
□

❷

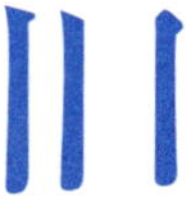
＝
□

❸

＝
□

❹ 協 =
❺ 紨 =
❻ 么 =

❼ 凹 =
❽ 米 =
❾ 兵 =

61 横線が消えた!?

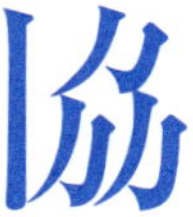

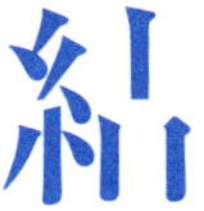

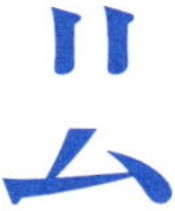

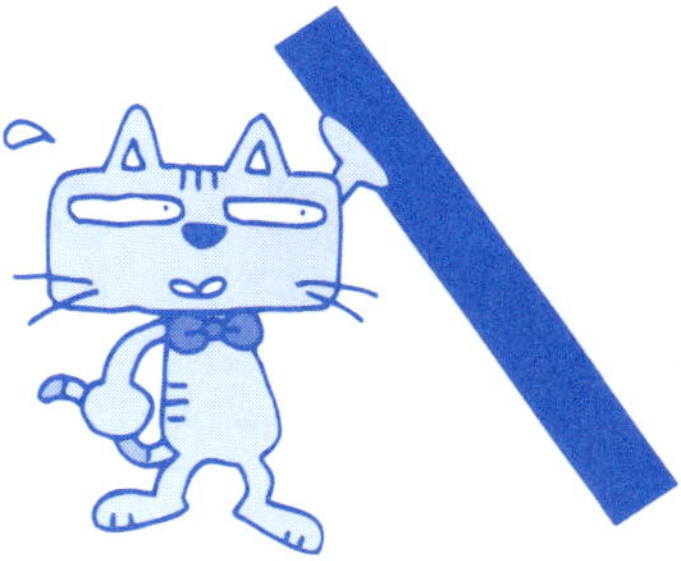

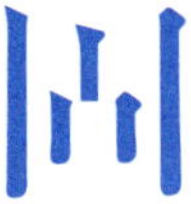

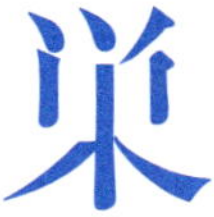

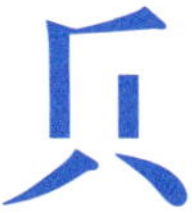

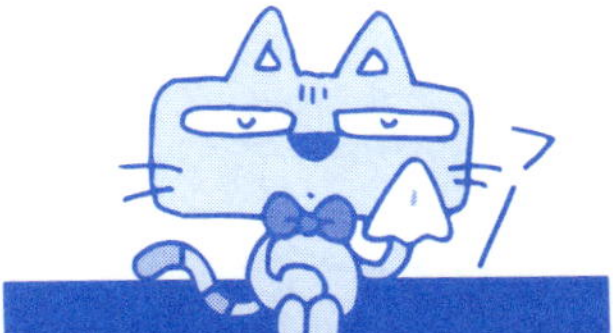

⑩ 

＝ □

⑪ 仏

＝ □

⑫ 个

＝ □

⑬ 人

＝ □

⑭ 

＝ □

⑮ 

＝ □

16

＝

17

＝

18

＝

19

＝

20

＝

こんなふうに遊べるよ

・長さの異なる細い線（棒）をいくつか用意しておきます。それをつけ足していくことで、消えた漢字が現れてきます。つまようじやマッチ棒などを用意しておき、漢字の上に乗せて確認してもいいですね。

14 縦線が消えた!?

前の問題と同じように、今度は消えた「縦線」を書き入れて漢字を元通りにしよう。

（例）

＝

自

❶

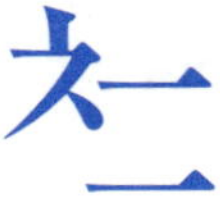

＝

❷

＝

❸

＝

④ 医 =
⑤ 亖 =
⑥ 丿二 =

⑦ 天 =
⑧ ицѣ =
⑨ 焱 =

65 縦線が消えた!?

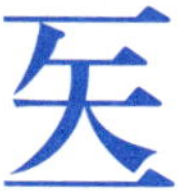

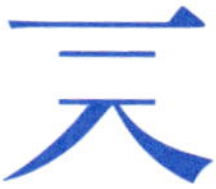

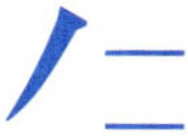

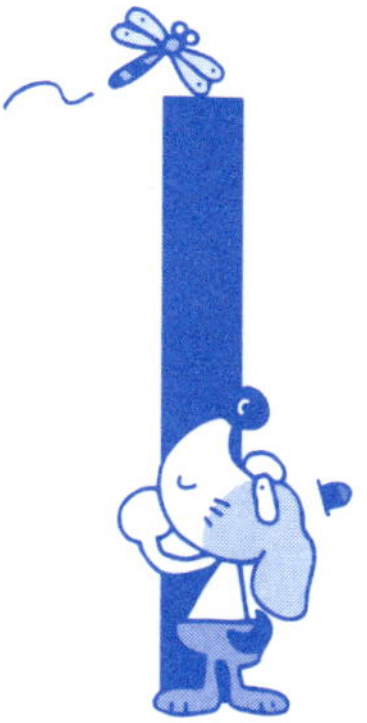

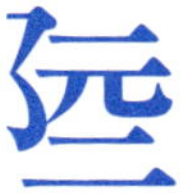

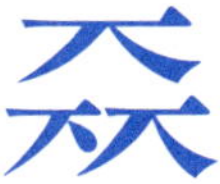

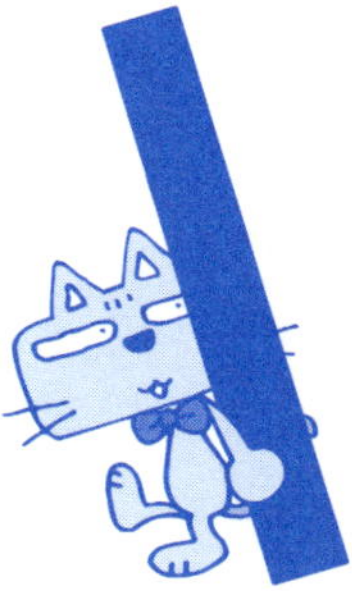

⑩

‖

⑪

‖

⑫

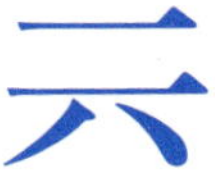

‖

⑬

‖

⑭

‖

⑮

‖

16

＝

17

＝

18

＝

19

＝

20

＝

15 虫食い熟語

葉っぱに書かれていた二文字の熟語を虫がたべちゃった！　なんという熟語だったのかな？　ヒントボックスの絵を見て考えてね。

1

2

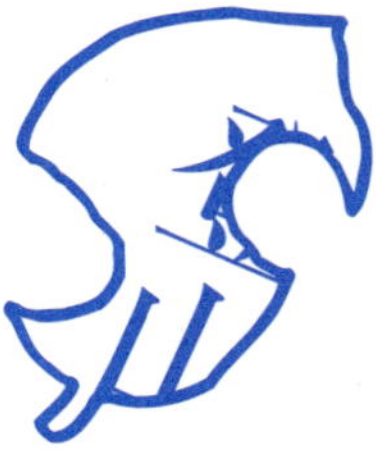

3

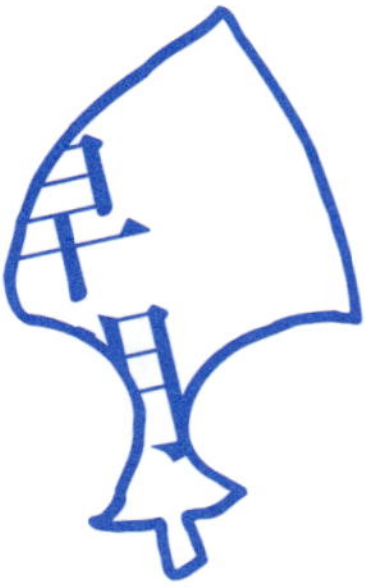

4

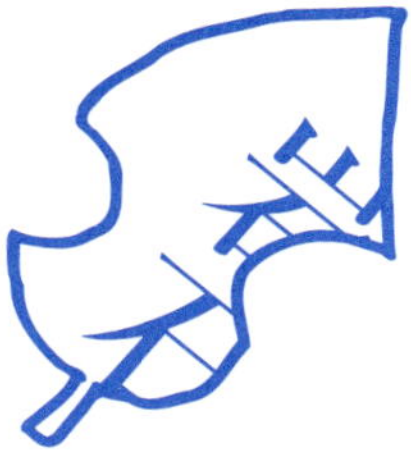

5

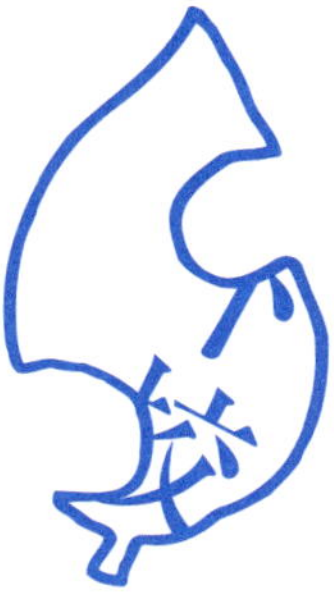

6

7

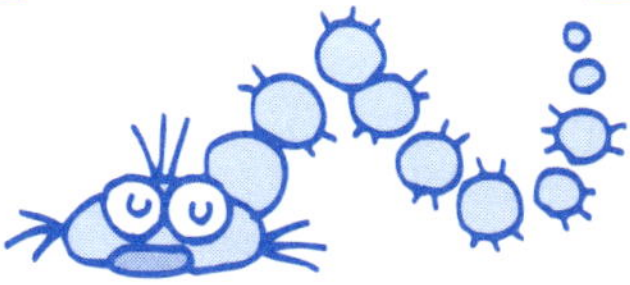

8

9

10

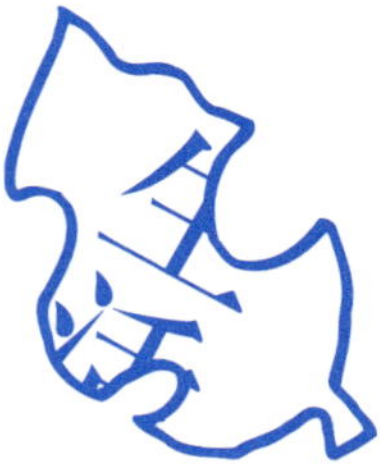

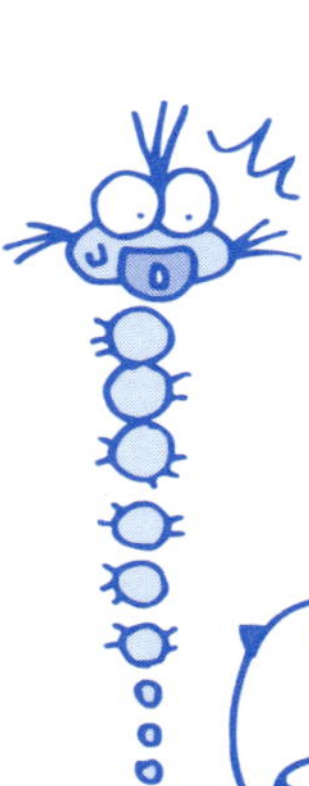

こんなふうに遊べるよ

・欠けた部分をジグソーパズルのピースのようにして用意し、ごちゃ混ぜにして、ピッタリ当てはまるピース（解答）を探す、という遊びも楽しめます。

・小グループ向けの遊びです。

★ヒントボックス★

登山
友達
ばいばーい
下校
おはよー
早朝
岩石
安全
スケジュール
月 バレエ
火 ピアノ
水 じゅく
木 ピアノ
金 じゅく
生活
クスン…
敗北
未来
夢はね～
男女

16 漢字おにぎり

例のように、おにぎりに書かれた漢字を矢印の向きに進むと、ある熟語になります。
さて、おにぎりのてっぺんには、どんな漢字を入れたらいいかな？
漢字ボックスの中から探してね。

（例）

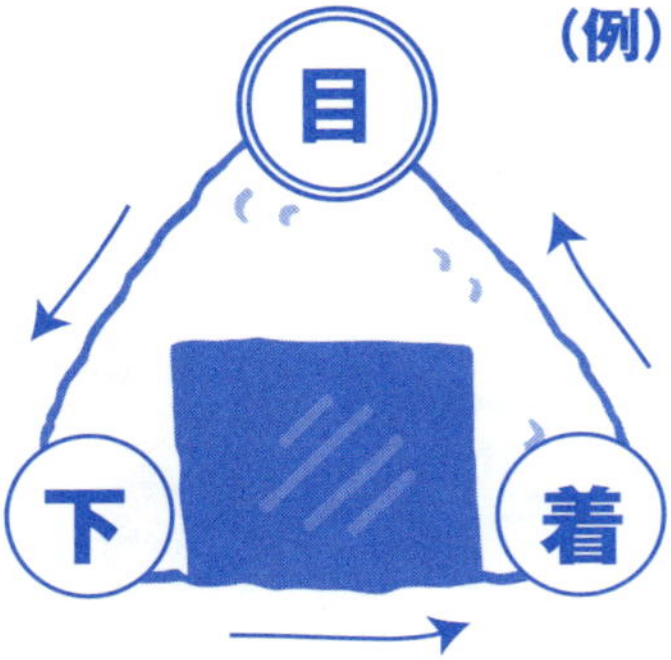

1

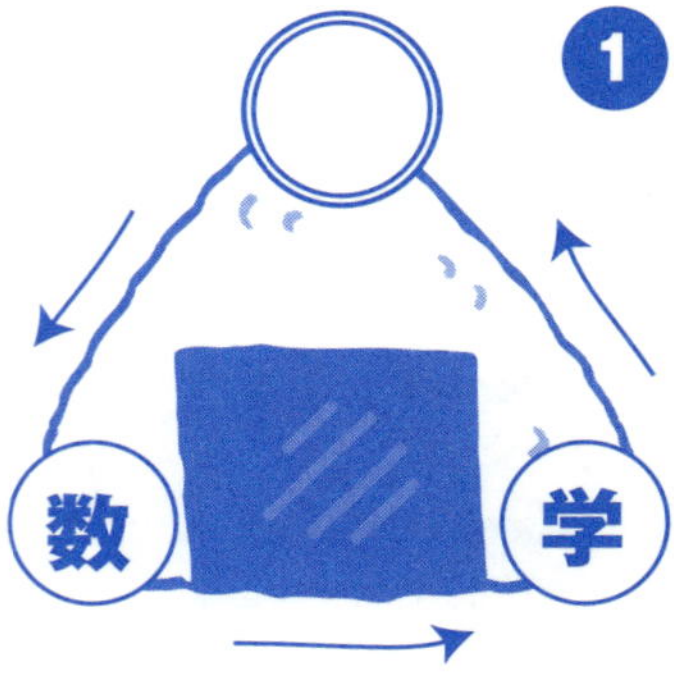

2

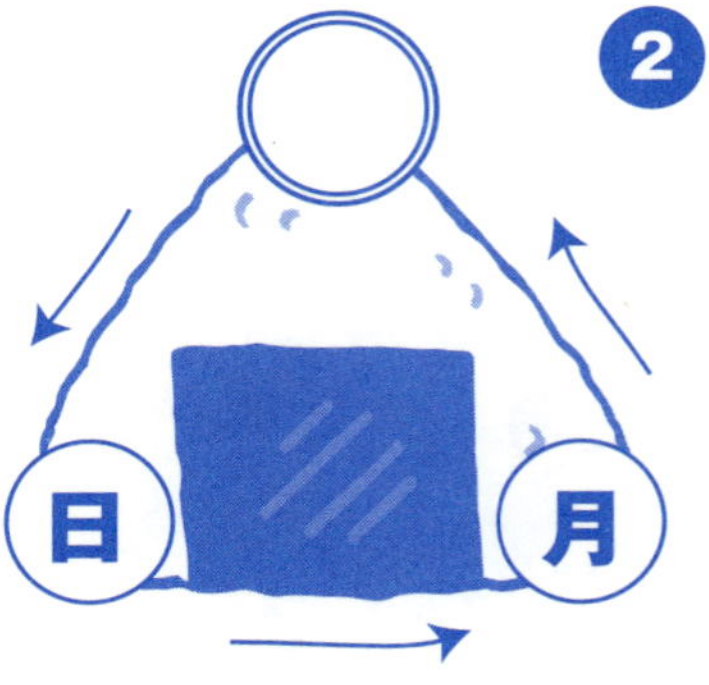

3

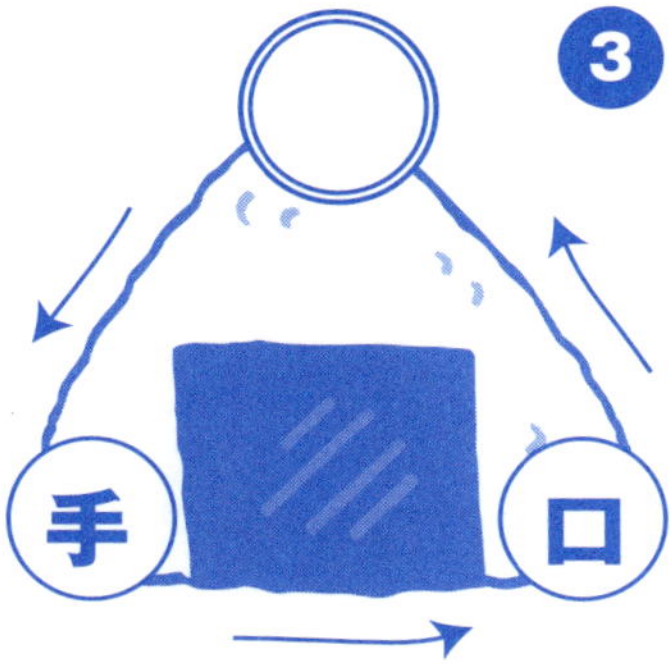

4

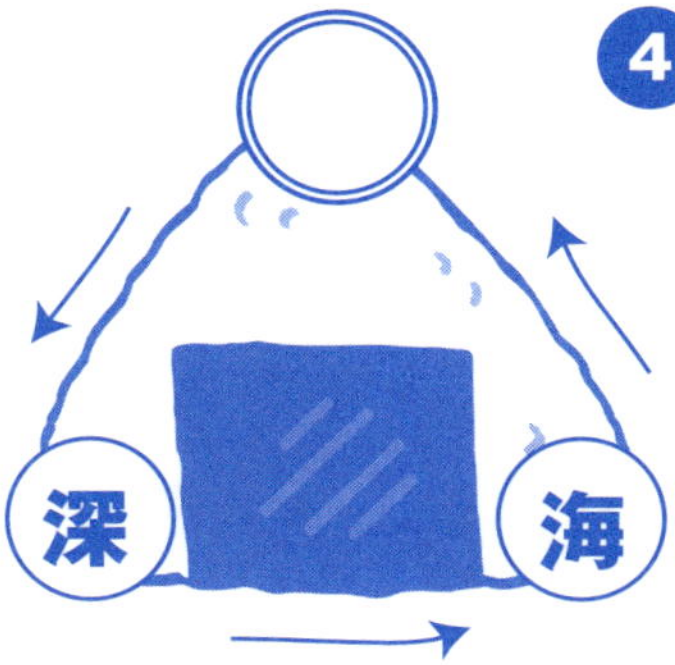

★漢字ボックス★

発	名	旅
熱	外	向
百	目	耳
山	年	丸
時	会	辺
原	便	上
海	同	曜
金	魚	半
風	水	草
	花	中

5

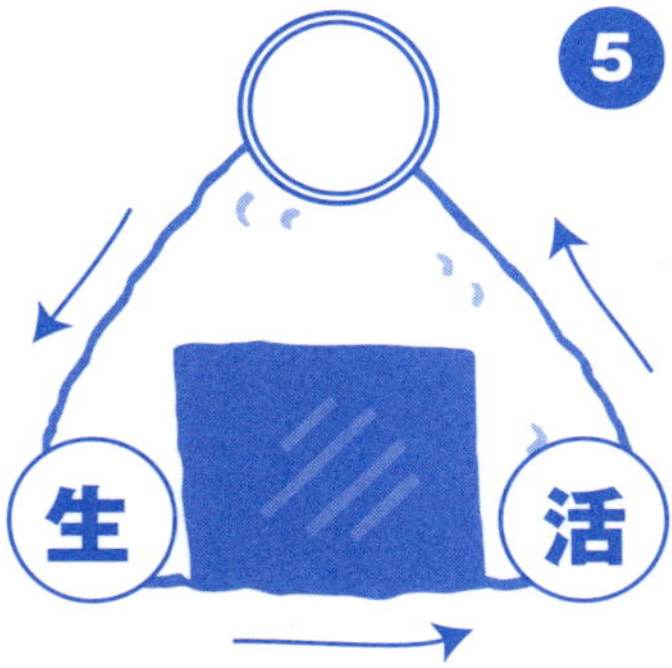

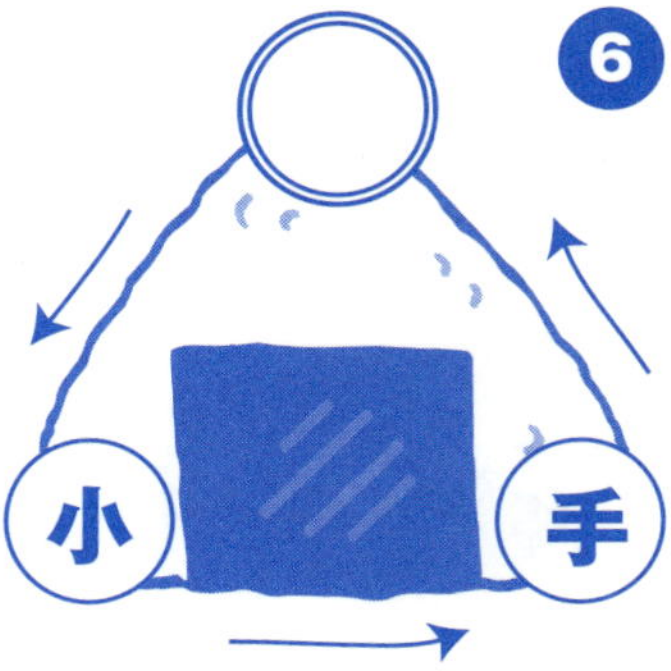
6
小
手

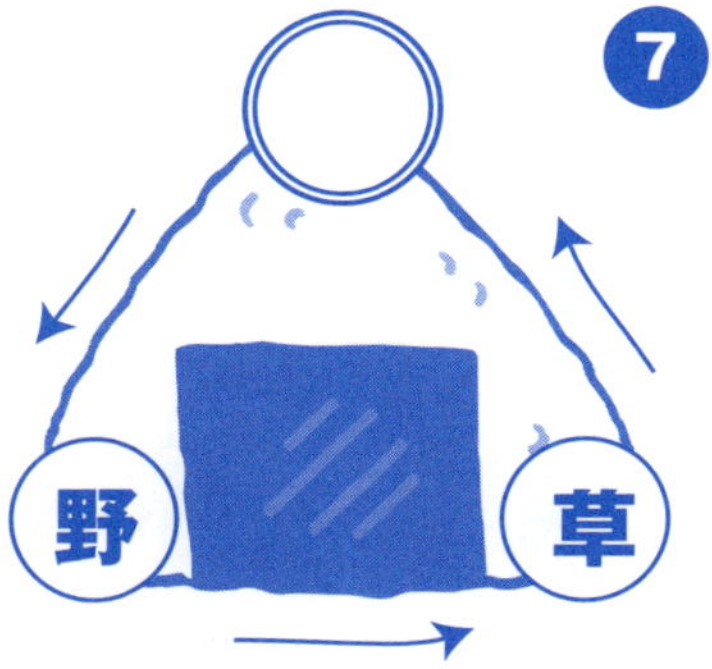
7
野
草

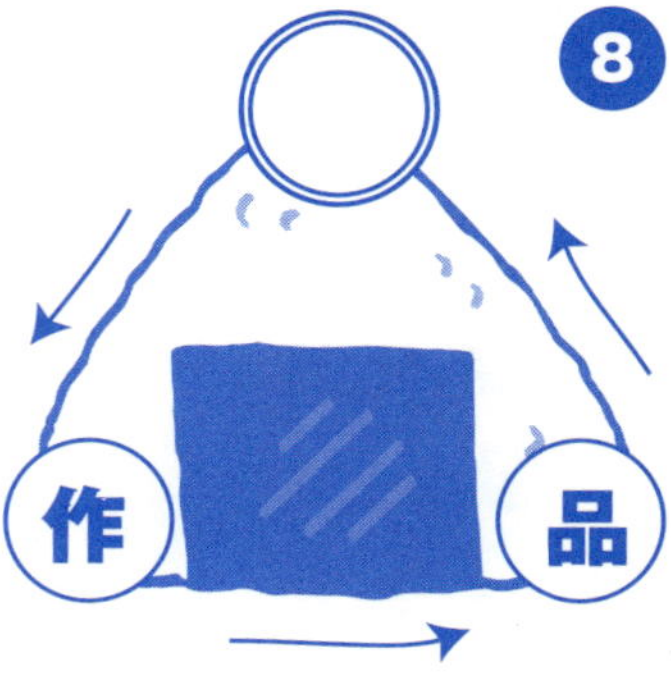
8
作
品

9
上
方

★漢字ボックス★

時	水	目	曜	旅
原	花	年	半	向
海	発	会	草	耳
金	熱	便	中	丸
風	百	同	名	辺
	山	魚	外	上

10

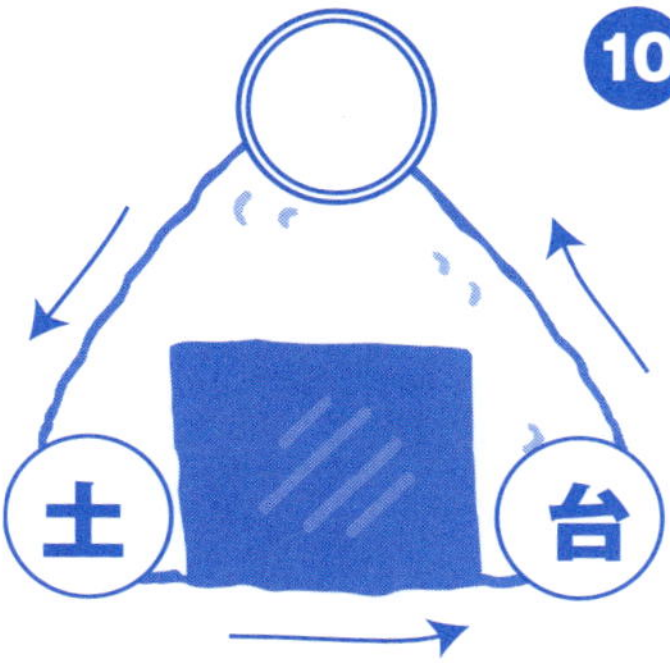

17 漢字ジェスチャー

この人たちは、何をしているのかな？　そう、体を動かして、ある漢字を表しているんだよ。

　それぞれ、何という漢字を表しているか考えてね。

★一人でジェスチャー

1

2

3

4

5

6

7

8

9

10

11

12

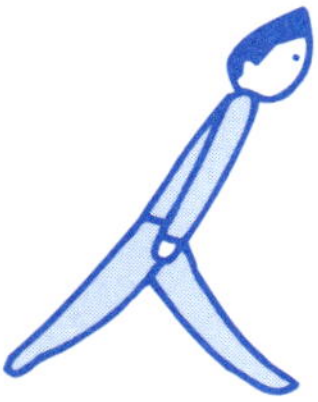

13

14

15

16

17

18

19

20

★漢字ボックス★

子 刀 十 今

女 土 七 合

命 丁 文 火

工 人 山 大

父 小 才 一

★二人でジェスチャー

1

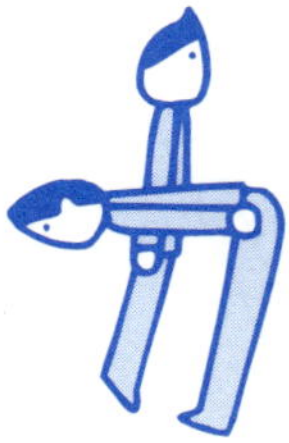

2

3

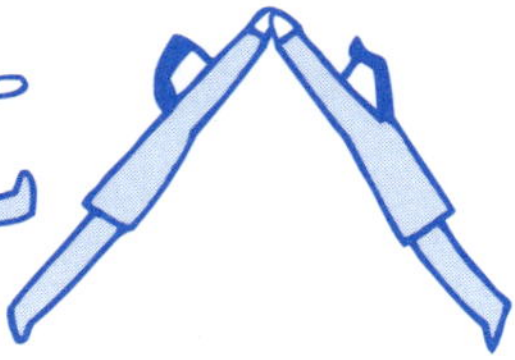

4

5

6

7

8

9

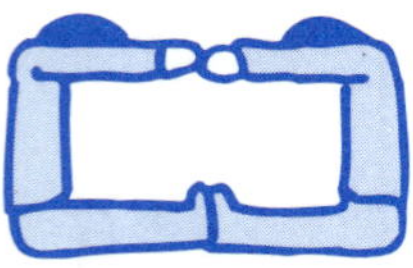

10

11

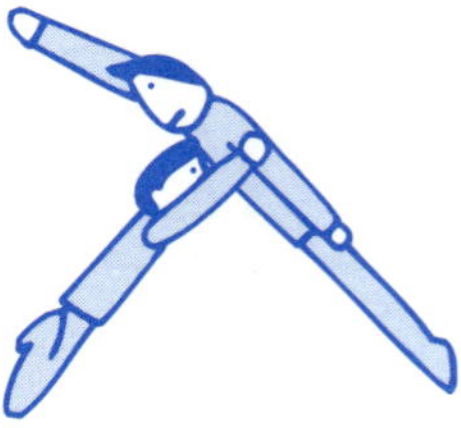

12

★三人、四人でジェスチャー

13

14

15

16

17

★漢字ボックス★

力 木 八 本 北
下 田 門 口 上
入 出 川 仕 体
林 問

18 あて字（仮借文字）の世界

次にあげる漢字は みんなあて字だよ。
きみはいくつ読めるかな？

❶ 煙草 □

❷ 瓦斯 □

❸ 西瓜 □

❹ 硝子 □

❺ 浴衣 □

❻ 酒精 □

7 巴里

8 紐育

9 合羽

10 珈琲

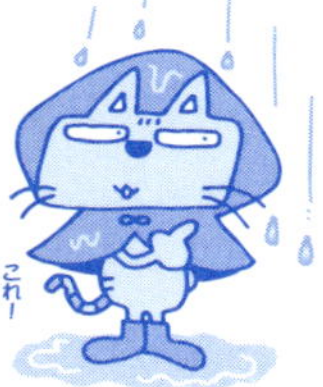
これ！

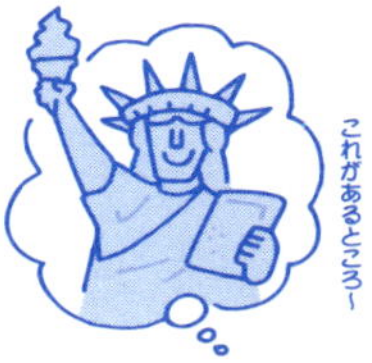
これがあるところ〜

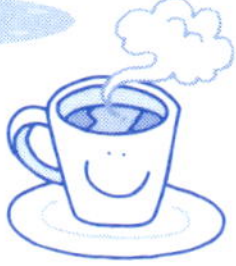

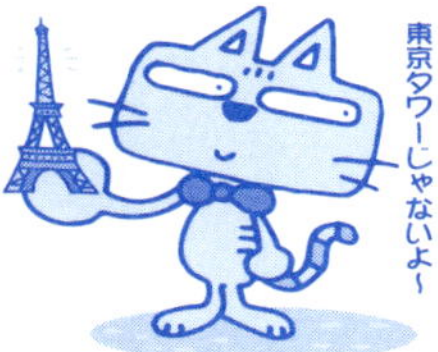
東京タワーじゃないよ〜

みんな読めたかな〜

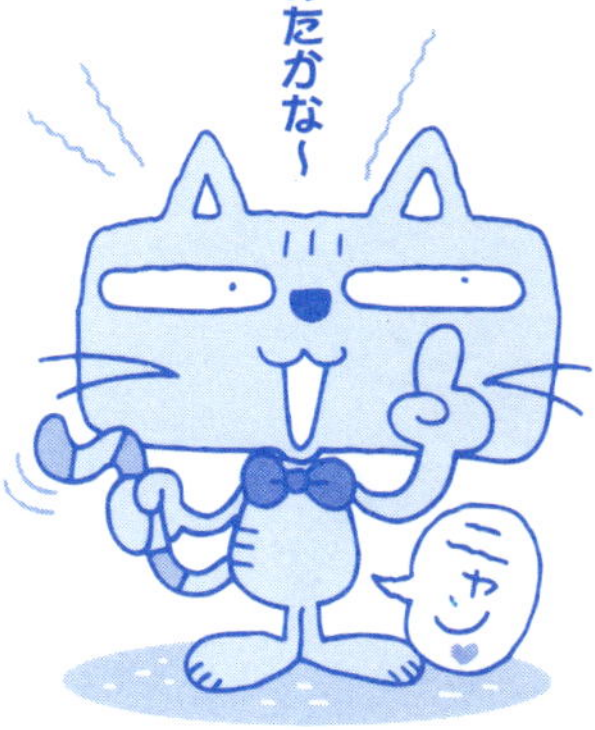
ニャン

19

どんなときに使うのかな？

上のカードに書いてある漢字は、どのようなときに使うのかな。
下のカードの文章に合うものとつなげよう。

❶ 意地 ・

❷ 悲鳴 ・

・「なあ、そんなに□□をはくなよ」

・「ぼくはあの子に□□をよせている」

・「今、□□をあげたのはだれだ。事件か!?」

❸ 苦虫 ・

❹ 道草 ・

❺ 好意 ・

❻ 野次 ・

❼ 弱音 ・

・「おい、そんなに□□をはるなよ」

・「何だい、そんな□□をかみつぶしたような顔をして」

・「何時だと思ってる。いったいどこで□□をくっていたんだ」

・「うるさいぞ。□□をとばすな！」

20 この字読めるかな？ ①

【食べ物編】
食べ物の一部が絵になっているよ。
絵から想像してみよう。

（例）

西瓜

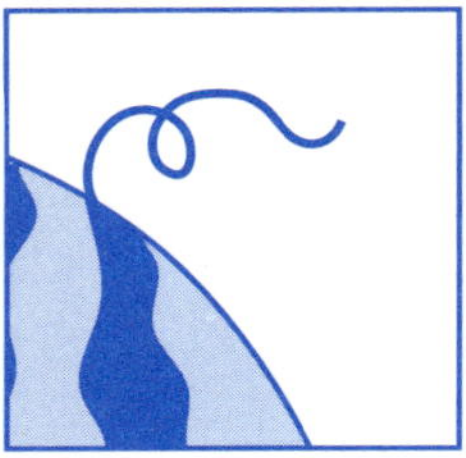

↓

すいか

❶ 秋刀魚

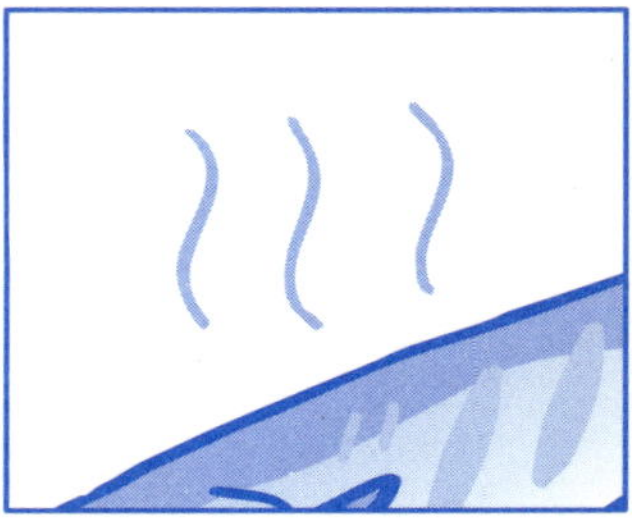

↓

❷ 胡瓜

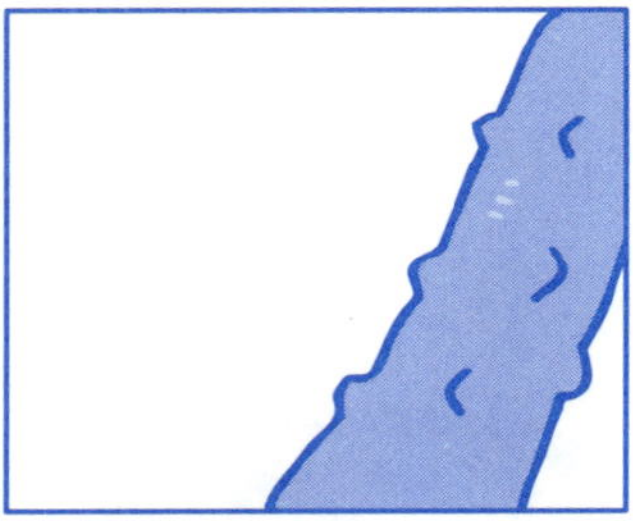

↓

❸ 心太

❹ 山葵

❺ 南瓜

❻ 烏賊

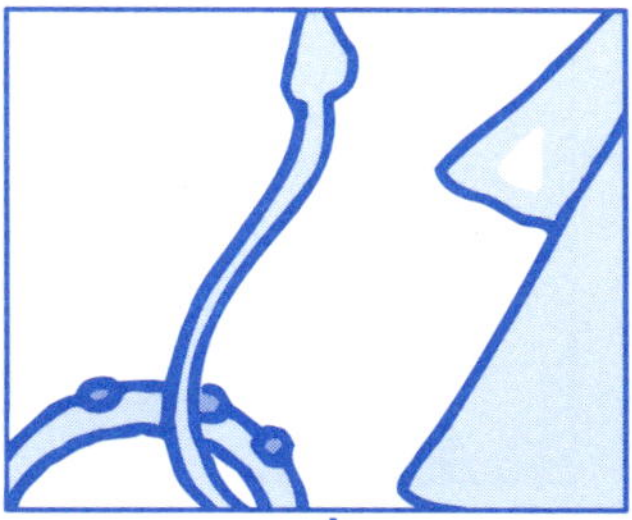

7 海月

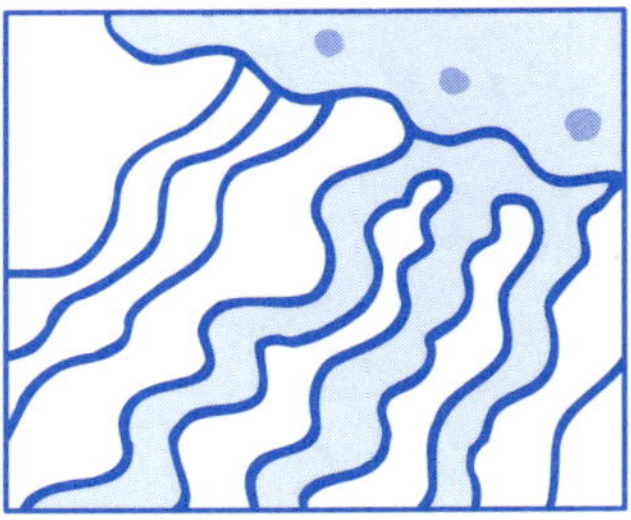

8 饅頭

9 天麩羅蕎麦

10 鰻の蒲焼き

★ヒントボックス★

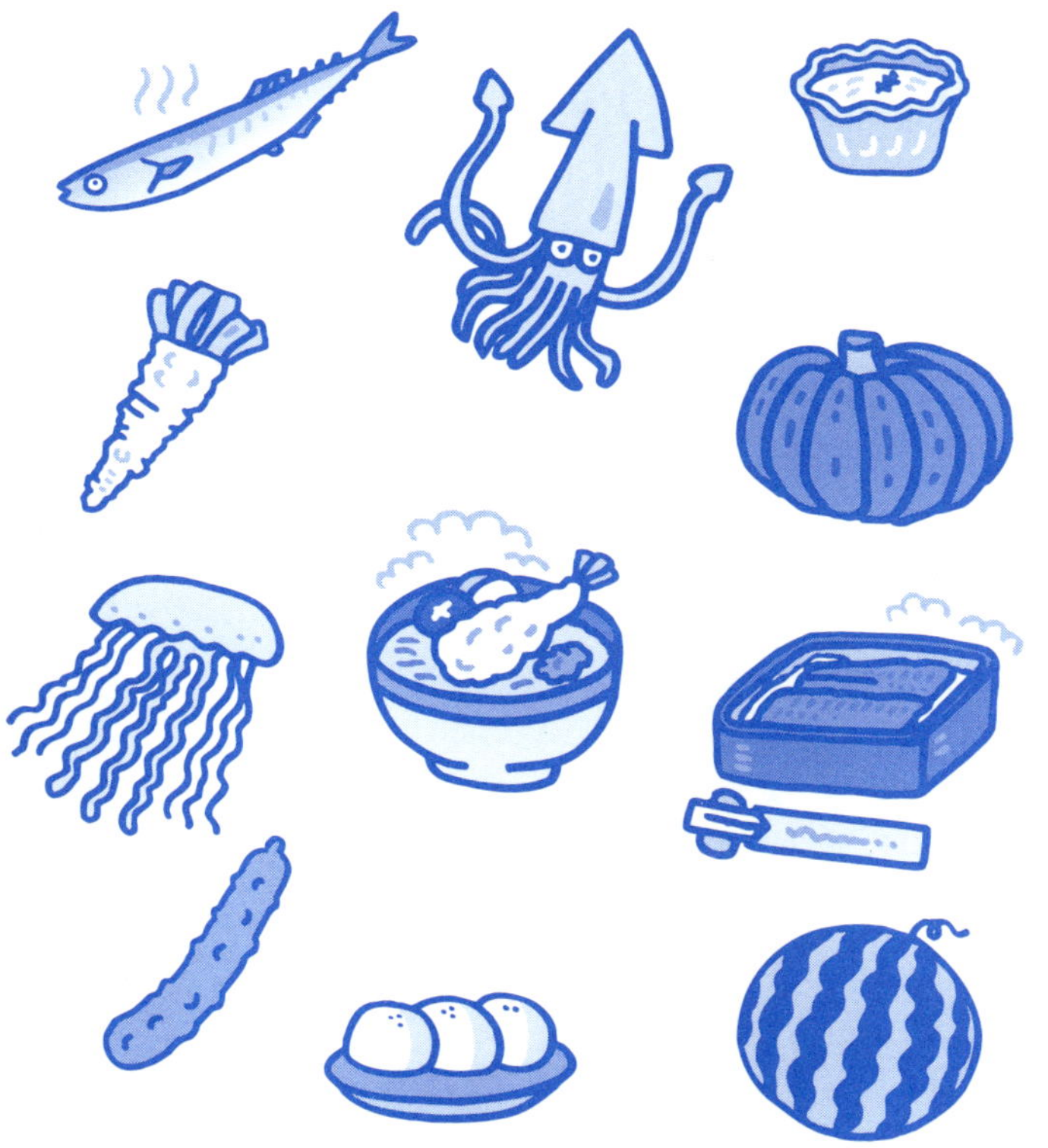

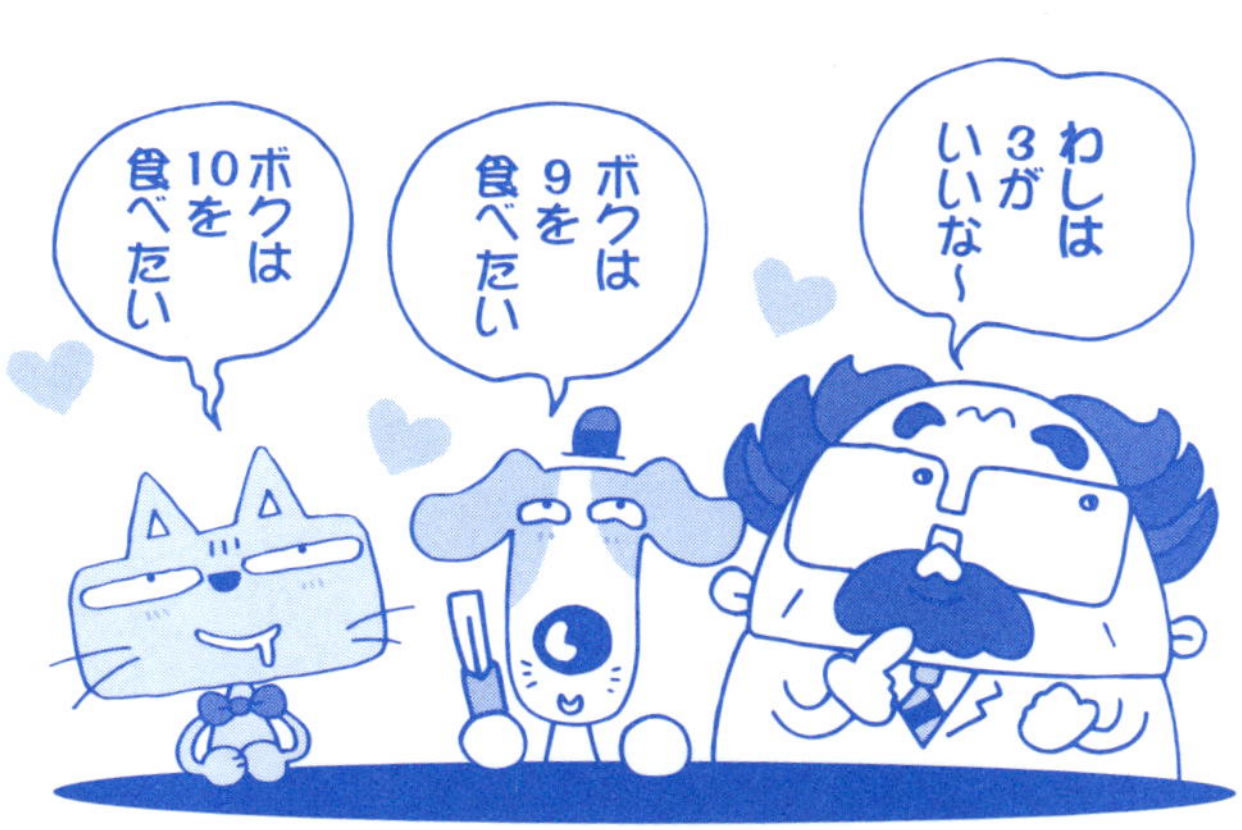

わしは3がいいな〜
ボクは9を食べたい
ボクは10を食べたい

21 この字読めるかな？ ②

【自然や植物に関する漢字編】
上のカードと下のカードをつなげよう。

❶ 時雨・
❷ 梅雨・
❸ 山茶花・
❹ 五月雨・

・なだれ
・さみだれ
・しぐれ
・つらら

5 無花果・
6 日和・
7 氷柱・
8 土筆・
9 雪崩・
10 紫陽花・

・ひより
・あじさい
・いちじく
・つゆ
・つくし
・さざんか

そうやって考えると～
漢字っておもしろいでしょう？
なにが？

解答

1 漢字バラバラ事件 (6ページ)

❶海 ❷学 ❸橋 ❹安 ❺丸 ❻秒

2 仲間はずれはだあれ？ (10ページ)

❶緑（他の色は、ひらがなにするとすべて二文字）
❷鰐（他はすべてほ乳類。鰐は爬虫類）
❸雷（他はすべて冷たいもの）
❹尾（他はすべて人間の体に関係するもの）
❺泥（他はすべて硬いもの）
❻飛（他はすべて人間がする「できる」こと）

3 漢字しりとり (14ページ)

【解答例】❶雲 陸 肉 ❷医者 栗 牛 ❸登場 運動会 空 ❹岩 月 山 ❺一 力 苦労 ❻大人 南 耳 息

※この解答例の他にも、いろいろな答えがあるよ。
さて君はどんな漢字を当てはめるのかな？

4 間違い探し (18ページ)

❶海水 ❷楽しい ❸都 ❹茶 ❺馬 ❻東 ❼新聞
❽落第 ❾春夏秋冬 ❿写真 ⓫時間 ⓬見物
⓭野球 ⓮春風 ⓯牛肉 ⓰工夫 ⓱消火 ⓲事典
⓳登山 ⓴坊主 ㉑小麦粉

5 ヒントがかくれんぼ (22ページ)

【解答】❶なす ❷あゆ ❸たいまつ ❹すごろく
❺うばぐるま ❻だるま ❼くわがたむし ❽かかし
❾かぼちゃ ❿はしご ⓫ビール ⓬ラーメン

⑬カッパ　⑭カバ　⑮コスモス

6 スリーヒントでバッチリ当てよう！（26ページ）

【解答】❶海　❷西瓜　❸新聞　❹工場　❺留守　❻峠　❼漁業　❽写真　❾病気　❿浦島太郎

7 カタカナ？ えーっ、漢字なの？（30ページ）

【解答例】❶桜　❷弁当　❸海　❹夢　❺仏　❻比　❼集　❽予　❾和　❿式

8 てんでわからない!?（34ページ）

【解答例】❶職　❷金　❸寸　❹心　❺礼　❻豆　❼的　❽然　❾卵　❿暴

9 漢字迷路を突破しよう！（38ページ）

学→問

【解答】学校→校長→長短→短気→気体→体育→育児→児童→童話→話題→題材→材質→質問

上→演

【解答】上品→品物→物理→理科→科目→目的→的確→確実→実演

10 組みかえてみよう！（42ページ）

【解答】❶岸　❷学　❸絵　❹強　❺客　❻指　❼祭　❽給食　❾号令　❿災害

11 ありゃりゃ、重なっちゃった!!（46ページ）

（その1）

【解答】❶桜＋花　❷雨＋風　❸空＋雲　❹身＋体

❺毛+皮　❻変+化　❼終+末　❽希+望　❾生+産
❿森+林

（その2）
【解答】❶内+外　❷前+後　❸強+弱　❹多+少
❺大+小　❻遠+近　❼新+旧　❽表+裏　❾長+短
❿勝+負

12　漢字がかくれんぼ（54ページ）

（その1）
【解答】❶出　❷遠　❸寺　❹化　❺区　❻世　❼投
❽島　❾命　❿路

（その2）
【解答】❶消火　❷朝夕　❸大声　❹登山　❺算数
❻歩道　❼半分　❽魚屋　❾教室　❿漢字

13　横線が消えた!?（60ページ）

【解答】❶合　❷旧　❸位　❹協　❺結　❻芸　❼固
❽巣　❾兵　❿要　⓫伝　⓬不　⓭夫　⓮臣　⓯訓
⓰世　⓱全　⓲羊　⓳平　⓴表

14　縦線が消えた!?（64ページ）

【解答】❶社　❷星　❸告　❹医　❺束　❻仲　❼末
❽陸　❾森　❿松　⓫囲　⓬共　⓭菜　⓮士　⓯米
⓰積　⓱楽　⓲正　⓳料　⓴札

15　虫食い熟語（68ページ）

【解答】❶友達　❷登山　❸早朝　❹岩石　❺下校
❻未来　❼敗北　❽安全　❾男女　❿生活

16 漢字おにぎり（72ページ）

【解答】❶年 ❷曜 ❸上 ❹水 ❺発 ❻中 ❼原 ❽名 ❾向 ❿風

17 漢字ジェスチャー（76ページ）

【解答】

★一人でジェスチャー

❶一 ❷大 ❸火 ❹合 ❺今 ❻才 ❼山 ❽文
❾七 ❿十 ⓫小 ⓬人 ⓭丁 ⓮土 ⓯刀 ⓰父
⓱工 ⓲命 ⓳女 ⓴子

★二人でジェスチャー

❶力 ❷木 ❸八 ❹本 ❺北 ❻下 ❼田 ❽門
❾上 ❿上 ⓫入 ⓬出

★三人、四人でジェスチャー

⓭川 ⓮仕 ⓯体 ⓰林 ⓱問

18 あて字（仮借文字）の世界（80ページ）

たばこ　ガス　すいか　ガラス　ゆかた　アルコール
パリ　ニューヨーク　かっぱ　コーヒー

19 どんなときに使うのかな？（82ページ）

・なあ、そんなに**弱音**をはくなよ。
・ぼくはあの子に**好意**をよせている。
・今、**悲鳴**をあげたのはだれだ。事件か!?
・おい、そんなに**意地**をはるなよ。
・何だい、そんな**苦虫**をかみつぶしたような顔をして。
・何時だと思っている。いったいどこで**道草**をくっていたんだ。

・うるさいぞ。**野次**をとばすな！

20 この字読めるかな？① （84ページ）

❶さんま ❷きゅうり ❸ところてん ❹わさび
❺かぼちゃ ❻いか ❼くらげ ❽まんじゅう
❾てんぷらそば ❿うなぎのかばやき

21 この字読めるかな？② （88ページ）

❶しぐれ ❷つゆ ❸さざんか ❹さみだれ
❺いちじく ❻ひより ❼つらら ❽つくし
❾なだれ ❿あじさい

遊びのひろば 答え

1 数字を入れよう！ （33ページ）

❶百「百点満点」 ❷一・一「一期一会」
❸七「七福神」 ❹七・八「七転び八起き」
❺二「青二才」 ❻三「石の上にも三年」
❼百「お百度参り」 ❽千・万「亀は万年鶴は千年」
❾千「千里の道も一歩から」
❿七・五・三「七五三のお祝い」

2 にんべんストーリー （37ページ）

❶侍 ❷住 ❸作（物） ❹他 ❺住 ❻侍 ❼仕（事）
❽体 ❾代 ❿働 ⓫侍 ⓬化（け物）

3 氵（さんずい）探しの物語 （53ページ）

深い・湖・湖（太平）洋・海・注（意）深（く）・湖
・泳（ぎ）・消（えて）・湖

編著者　山口《やまぐち》　理《さとし》

東京生まれ。20余年に渡る教員生活の後、執筆活動に入る。教員時代、「ことば遊び」の魅力に取り憑かれ、自らも多くのことば遊びを考案し、国語教育に、また学級経営に役立ててきた。

国語関係の著書に「準備いらずのクイックことば遊び」（いかだ社）「まんがで学ぶ・四字熟語」「まんがで学ぶ語源」（いずれも国土社）などがある。

現在の職業は作家。日本児童文学者協会理事。日本ペンクラブ会員。

また、本業以外にも、日本ブーメラン協会監事、日本くるま旅クラブ会員といった遊び人の肩書きを持つ。

URL　http://www.h4.dion.ne.jp/~sato-131

イラスト　伊東《いとう》ぢゅん子《こ》

東京都生まれ。現在浦安市在住。「なぞなぞゲーム王国」シリーズ、「大人にはないしょだよ」シリーズ（いずれもポプラ社）、「ちゃぐりん/なるほどおばあちゃん」コラム（社団法人 家の光協会）等、子ども向けキャラクター制作、イラスト、コラムマンガ等を手がける。その他、全国誌、so-netブログ等WEBサイトでも活躍中。

編集●内田直子

ブックデザイン●渡辺美知子デザイン室

準備いらずのクイック
漢字遊び

2009年4月1日第1刷発行

編著者●山口　理©
発行人●新沼光太郎
発行所●株式会社いかだ社
〒102-0072　東京都千代田区飯田橋2-4-10　加島ビル
Tel 03-3234-5365　Fax 03-3234-5308
振替・00130-2-572993
印刷・製本　株式会社ミツワ

乱丁・落丁の場合はお取り換えいたします。
ISBN978-4-87051-254-2